www.ingramcontent.com/pod-product-compliance
Lightning Source LLC
LaVergne TN
LVHW100309051026
849517LV00006B/2233
* 9 7 8 9 6 9 0 0 2 8 1 1 2 *

یونس امرے

(سوانح حیات۔ کلام و افکار)

سارہ گوربوز اوزرن

ایسل یوکسل

فیروز سنز (پرائیویٹ) لمیٹڈ

لاہور۔ راولپنڈی۔ کراچی

مجلد: 978 969 0 02811 2

بارِ اوّل__________۲۰۲۲ء

فیروزسنز (پرائیویٹ) لمیٹڈ

ہیڈ آفس و شوروم: 81۔ ڈی/1، مین بلیوارڈ گلبرگ III، لاہور۔ پاکستان
راولپنڈی آفس: 277۔ پشاور روڈ، راولپنڈی۔
کراچی آفس: فرسٹ فلور، مہران ہائٹس، مین کلفٹن روڈ، کراچی۔

یونس ایمرے
ترجمہ: اسلم بھٹی

Yunus Emre
Translate: Aslam Bhatti

مطبوعہ فیروزسنز (پرائیویٹ) لمیٹڈ لاہور۔ باہتمام ظہیر سلام پرنٹر و پبلشر

email: support@ferozsons.com.pk
www.ferozsons.com.pk

فہرست

نمونہ کلام

یونس ایمرے

(1240ء-1320ء)

یونس ایمرے ترکی کے معروف صوفی بزرگ ہیں۔ ترکی کے لوک ادب اور صوفیانہ شاعری میں ان کا بہت بڑا مقام ہے۔ یونس ایمرے کو سمجھنے کے لیے ان کے دور کا مطالعہ بہت ضروری ہے۔

1071ء میں عظیم سلجوقی سلطان الپ ارسلان نے ملازگرت کے مقام پر بازنطینی لشکر کو شکست دی۔ بازنطینی لشکر کے سپہ سالار اور حکمران رومن ڈائیوگنیس کو گرفتار کرلیا اور اناطولیہ میں بہت بڑی کامیابی حاصل کی۔ اس کامیابی کے بعد اور منگولوں کے حملوں کی وجہ سے بہت سے ترک قبائل نے اناطولیہ کا رخ کیا۔ ملازگرت کی اس جنگ میں فتح نے وسطی ایشیاء کے مسلمانوں کو اناطولیہ کے اس خطے میں ہجرت کرنے کے لیے مجبور کیا۔ اناطولیہ ہجرت کرنے والے ترک قبائل اپنی روایات[1]، رسم و رواج، ثقافت اور اقدار بھی اپنے ساتھ لائے۔ انہوں نے یہاں اپنی صنعت وحرفت، فنون لطیفہ اور مختلف ہنر بھی متعارف کرائے۔

اناطولیہ میں ترک قبائل جہاں جہاں آباد ہوئے، وہاں انہوں نے سرداری اور جاگیرداری نظام متعارف کرایا۔ بعد میں گیارہویں صدی عیسوی میں سلجوقوں نے اناطولیہ میں سلجوقی سلطنت کی بنیادیں رکھیں۔

بہت سے ترک قبائل اور سردار سلطنت سلجوقیہ کے زیر سایہ اناطولیہ میں آباد ہوئے۔ انہیں سلطنت سلجوقیہ کی سرپرستی حاصل تھی۔

اناطولیہ میں سلطنت سلجوقیہ نے امور سلطنت، فوج کی تنظیم نو، تعلیم و ثقافت، سماجی

1: گیلینکلر: روایات

زندگی، شہری آبادکاری، تجارت اور کاروبار کو بہت اہمیت دی۔ ان اقدامات سے اناطولیہ میں تیزی سے ترقی و خوش حالی کا دور شروع ہوا۔ رعایا کی زندگی میں بہتری آنے لگی۔ سلطنت میں شفاء خانے، پانی کی سبیلیں، کاروان سرائے، خانقاہیں، حمام اور مدرسے قائم ہوئے۔ تجارت اور کاروبار کو وسعت ملی۔ پل، سڑکیں اور قلعے تعمیر ہوئے۔ شاہراہ ریشم ان دنوں مصروف ترین تجارتی گزرگاہ تھی۔

اس دوران وسطی ایشیاء سے خراسان کے راستے ترک قبائل کی اناطولیہ میں ہجرت بھی جاری رہی۔ بہت سے درویش اور بزرگ بھی اس ہجرت کے توسط سے اناطولیہ تشریف لائے۔ ان درویشوں نے تصوف [2] کو اناطولیہ میں متعارف کرایا۔ ان ہی درویشوں کے ذریعے اس خطے میں تصوف پھلا پھولا۔

ان ہجرتوں کی وجہ سے اناطولیہ کی آبادی میں اضافہ ہونا شروع ہوگیا۔ چونکہ اناطولیہ میں ترقی وخوش حالی کا دور شروع ہوگیا تھا، لہٰذا ترک قبائل نے جوق در جوق اس خطے کا رخ کیا۔ ترک قبائل کی وجہ سے اناطولیہ کی سرحدوں کی حفاظت بھی ممکن ہوئی۔

منگولوں نے ہر جگہ تباہی مچا رکھی تھی۔ جو کوئی ان کے سامنے آتا، وہ لوٹ مار کرتے اور تباہ و برباد کرتے جاتے۔ جب منگولوں نے خراسان اور خوارزم کا رخ کیا تو یہاں آباد علماء، درویشوں اور بزرگوں نے بھی اناطولیہ کا رخ کیا۔ یہ مہاجر ترک قبائل اور علماء و درویش اناطولیہ کے مختلف خطوں میں آباد ہوئے۔ یہ خاص طور پر سرحدی علاقوں میں آکر بسے۔ یوں یہ خطہ تجارتی سرگرمیوں کے ساتھ ساتھ مسلمان ترک قبائل کے رسم و رواج اور روایات سے بھی متعارف ہوا۔

مشرق اور وسطی ایشیاء سے آنے والے درویشوں نے اناطولیہ کے مختلف حصوں میں درویش گاہیں [3]، تکیے اور خانقاہیں آباد کیں۔ وہ جہاں بھی آباد ہوئے انہوں نے وہاں اپنی تعلیم و تربیت کا سلسلہ شروع کیا۔ علم کی روشنی پھیلائی۔ لوگوں کو دین سکھایا اور مختلف ہنر اور

2: تصوف: صوفی ازم	3: زاویہ: درویش گاہیں

فنون کی تعلیم دی۔ ترک قبائل نے اس خطے میں وسیع پیمانے پر کھیتی باڑی، مال مویشی اور دیگر روایات کو پروان چڑھایا۔ ضرورت کے وقت سلطنت سلجوقیہ کے لشکر میں شمولیت اختیار کر کے ان کی جنگی قوت میں معاون و مددگار ثابت ہوئے۔ علماء اور درویشوں نے علم کی روشنی پھیلائی۔ لوگوں کو دین سے جوڑا۔ اسلام کی ترویج و اشاعت کا سبب بنے۔ یہ درویش اور بزرگ جذبۂ ایمانی سے بھرپور تھے۔ وہ یہ خدمات فی سبیل اللہ اور رضا کارانہ طور پر انجام دے رہے تھے۔ وہ اپنے اس کام کا کوئی معاوضہ طلب نہیں کرتے تھے۔ انہوں نے اناطولیہ کے ویران 4 علاقوں کو آباد 5 کیا۔ یوں ان درویشوں اور صوفیاء نے اناطولیہ میں اسلام پھیلایا اور مسلمانوں کی خدمت کی۔

ان ہی صوفیاء اور درویشوں کی وجہ سے لوگ مسلمان ہوئے۔ عشق الٰہی سے متعارف ہوئے اور یہ خطہ اسلام سے روشناس ہوا۔ یہاں تصوف پھیلا اور صوفی طرزِ فکر پروان چڑھا۔

اناطولیہ ہجرت کرنے والے ان درویشوں اور صوفیاء کی بڑی تعداد مولانا جلال الدین رومیؒ اور حاجی بکتاش ولیؒ کے حلقۂ اثر میں آئے اور یہاں آکر آباد ہوئے۔ مولانا جلال الدین رومیؒ اور حاجی بکتاش ولیؒ جیسے عظیم صوفیاء 6 کے مراکز ان درویشوں کی آماجگاہ تھے جو مشرق اور وسطی ایشیاء سے اناطولیہ آئے۔ یہی وجہ ہے کہ سلطنت سلجوقیہ کے دور میں یہاں سلسلہ مولویہ اور سلسلہ بکتاشیہ پروان چڑھا اور اسے عروج ملا۔

یہ ہجرتیں اتنی آسان بھی نہیں تھیں۔ ترک مہاجرین کو بہت سی مشکلات کا سامنا کرنا پڑا۔ سفر طویل ہونے کی وجہ سے کئی کئی سال ہجرت کرتے گزر جاتے تھے۔ وہ بہت تکلیف دہ صورت حال کا سامنا کرتے۔ اناطولیہ میں پہنچنے کے لیے ان غازیوں، اخیوں 7، ابدالیوں 8 اور درویشوں کو بہت سی مشکلات اور چلہ کشیوں کا سامنا کرنا پڑتا۔ ان مہاجروں کو اناطولیہ میں آباد ہونے اور انہیں روزگار فراہم کرنے کے لیے بہت سے صاحب استطاعت، مخیّر حضرات

4: یکیک: ویران، تباہ 5: ماموراتمیک: آباد کرنا 6: متصوّف: صوفیاء 7: اخیوں: تاجروں اور کسانوں کی تنظیم سے وابستہ اشخاص 8: ابدال: صوفی درویش

اور صوفیاء نے بھی ان کی ہر طرح مدد کی۔ ان کو رہائش فراہم کی، کھانا دیا اور علم و ہنر سکھایا تا کہ وہ اپنے پاؤں پر کھڑے ہو سکیں۔ ان آنے والے مہاجروں نے بھی بہت محنت کی۔ اپنا خون پسینہ بہایا اور اپنا مقام بنایا۔ یوں یہاں اخوت کے جذبات اور ماحول پروان چڑھا۔ اتحاد و اتفاق قائم ہوا۔ اناطولیہ کو ان مہاجروں نے ایک نئی شناخت عطا کی۔

اس دور میں علماء اور درویش لوگوں کی راہنمائی کرتے۔ انہیں علم و ہنر سکھاتے۔ دین کی تعلیمات سے روشناس کرتے۔ ان کے پاس جو علم و ہنر ہوتا وہ لوگوں کو خوشی خوشی بلامعاوضہ سکھاتے۔ یہ ان کی تعلیم و تربیت کا حصہ تھا۔ ان ہی درویشوں کے ذریعے یہاں دینی علوم، ہنر، زراعت، غلہ بانی، صنعت و حرفت اور فنون پروان چڑھے۔ تعمیرات کا کام شروع ہوا۔ ان ہی کی وجہ سے لوگ خوش حال اور پُرامن زندگی بسر کرنے لگے۔

ان ہی درویشوں کی وجہ سے اس خطے میں ترک زبان کی ترویج بھی ہوئی۔ لوک ادب، صوفیانہ اندازِ فکر اور شعر و شاعری پروان چڑھی اور صوفی شاعری کا رواج ہوا۔

افسوس کہ امن و خوش حالی کا یہ دور اس وقت رک گیا جب منگولوں نے اناطولیہ کا رخ کیا۔ منگولوں نے اس خطے کو بھی حدف بنانا شروع کر دیا۔ ان حملوں کی وجہ سے لوگوں کے انداز فکر اور خیالات پر بھی برا اثر پڑنا شروع ہو گیا۔ اتحاد و یکجہتی کی جگہ عدم اتفاق، نفاق، بددیانتی، حیلہ بازی اور بہانے بازی معاشرے میں پھیلنا شروع ہو گئی۔ سرکاری اہلکاروں اور منتظمین میں ذاتی مفاد پرستی غالب آنے لگی۔ وہ اپنے مفادات کو ریاست و سلطنت کے مفادات پر ترجیح دینے لگے۔ بعض سرکاری اہلکاروں نے ذاتی حرص اور لالچ کی وجہ سے سلطنت کو کمزور کرنا شروع کر دیا۔ حتیٰ کہ ان کی وجہ سے سلطنت تقسیم اور ٹکڑے ٹکڑے ہونا شروع ہو گئی۔ ترک قبائل نے بھی اپنی خود مختاری کا اعلان کر کے سلطنت سے علیحدگی اختیار کر لی۔

اناطولیہ کی اس منتشر صورتحال سے منگولوں نے بھی فائدہ اٹھایا۔ 1243ء میں سلجوقوں اور منگولوں میں کوشہ داغ کی جنگ ہوئی۔ سلجوقوں کو اس جنگ میں بہت نقصان اٹھانا پڑا۔ ان کا لشکر اور فوج بکھر گئی۔ اس جنگ میں کامیابی کے بعد منگولوں نے سیواس، کیسری اور

ارزنجان جیسے شہروں پر قبضہ جما لیا۔ وہ جہاں بھی گئے، وہاں انہوں نے بہت تباہی مچائی۔ منگولوں نے لوگوں پر بہت سخت مظالم ڈھائے۔ بہت سے معصوم لوگوں کو تہ تیغ کر دیا۔

1256ء میں سلجوقوں کو قونیہ کے قریب دوبارہ شکست کا سامنا کرنا پڑا۔ رعایا میں بے چینی بڑھ گئی۔ بغاوتیں شروع ہوگئیں۔ رعایا کی صورت حال ابتر ہوتی گئی۔ حکمرانوں میں تخت نشینی کی جنگ اور کش مکش شروع ہوگئی۔ بھائیوں کے درمیان تخت نشینی کی لڑائی میں سلطنت سلجوقیہ مزید کمزور ہوگئی۔

ان حالات کی وجہ سے آخرکار اناطولیہ میں افلاس و غربت، قحط سالی اور انتشار نے ڈیرے ڈال لیے۔ تخت نشینی کی حرص و ہوس اور منگولوں کی وجہ سے یہ خطہ انتشار کا شکار ہوکر زوال پذیر ہونا شروع ہوگیا۔ رعایا غریب سے غریب تر ہوتی چلی گئی۔ کھانے کے ایک نوالے کے لیے لوگ بھیک مانگنے پر مجبور ہوگئے۔

اناطولیہ میں سلطنت سلجوقیہ کے زوال کے ساتھ ہی سوت میں آل عثمان نے اپنی خودمختاری کا اعلان کر دیا۔ ان کی اس خودمختاری میں انہیں سلجوقوں کی اخلاقی حمایت حاصل تھی۔ یہی وجہ تھی کہ نہ صرف انہوں نے اس خودمختاری کے اعلان پر بطور ہدیہ خلعت 9 اور علم بھی بھیجا بلکہ وفد بھی اس تقریب میں شریک ہوا۔ آل عثمان نے اپنی خودمختاری کے بعد جلد ہی پوری قوت اور اتحاد سے اناطولیہ پر اپنی حاکمیت قائم کر لی اور دنیا کے تین براعظموں پر حاکم ہوگئے۔

سلطنت سلجوقیہ کے زوال کے بعد یہ صوفیاء اور درویش ہی تھے جنہوں نے ان لوگوں کی ہمت بندھائی۔ رعایا کو حوصلہ دیا اور امید کی کرن بنے۔ ان میں مولانا جلال الدین رومیؒ، حاجی بکتاش ولیؒ اور حاجی بیرم ولیؒ سرفہرست ہیں۔

اس ابتلاء اور آزمائش کے دور میں خراسان سے ہجرت کر کے اناطولیہ آباد ہونے والے ایک درویش خاندان جو سارے کوئے میں آباد تھا ان کے ہاں ایک بچے کی پیدائش ہوئی۔ اس بچے کا نام یونس رکھا گیا۔

9: خلعت: لباسِ فاخرہ

سوانح یونس ایمرے

یونس ایمرے کی زندگی کے بارے میں کوئی واضح معلومات دستیاب نہیں ہیں۔ ہمیں ان کے بارے میں زیادہ تر معلومات ان کے کلام، منقابات[10]، روایات[11] اور حکایات سے ملتی ہیں جو ان کے بارے میں مشہور ہیں۔

دستیاب معلومات کے مطابق یونس ایمرے 1240ء میں سارے کوئے میں پیدا ہوئے۔ یہ جگہ پودسوق چائے اور دریائے سقاریہ کے درمیان واقع سیوری حصار کے قریب ہے۔

یونس ایمرے کا خاندان بھی منگولوں کے ظلم و استبداد سے بچتا بچاتا اناطولیہ وارد ہوا اور یہاں آ کر آباد ہوا۔ یونس ایمرے کی طرح ان کے خاندان کے بارے میں بھی زیادہ معلومات موجود نہیں ہیں۔ بعض روایات کے مطابق یونس ایمرے نے اسّی (80) سال کی عمر پائی اور 1320ء میں فوت ہوئے۔

روایات کے مطابق بچپن میں یونس ایمرے نے اپنی ابتدائی تعلیم مدرسے سے حاصل کی۔ تاہم زبان میں تتلاہٹ کی وجہ سے انہوں نے تعلیم ترک کر دی۔ انہیں عربی اور فارسی پر عبور حاصل تھا۔ یہاں ہم یونس ایمرے کے کلام سے مدد لیتے ہیں کہ وہ علم اور تحصیل علم کے لیے کیا کہتے ہیں:

علم

علم، علم کی تحصیل ہے
خود شناسی ہی علم ہے

10: منقابات: نامور اور تاریخی شخصیات کے بارے میں حکایات، داستان
11: روینتلر: روایات (بیان)

اگر[12] تو خود سے آگاہ نہیں ہے
تو یہ علم کیسا علم ہے؟

پڑھنے سے مطلب نکالنا ہی اہم ہے
دوسروں کے بارے میں جاننا ہی علم ہے
اگر تو دوسروں کے بارے میں نہیں جانے گا
تو ایسے علم کا کیا فائدہ ہے؟

ایسا مت کہہ کہ تو نے پڑھ لیا اور تو عالم ہو گیا ہے
ایسا مت کہہ کہ تو نے سب کچھ سیکھ لیا اور اطاعت[13] حاصل کر لی ہے
اگر تو حق تعالیٰ کے بارے میں نہیں جانتا[14] ہے تو یہ سب عبث اور بیکار ہے
چار کتابیں پڑھ کر علم کا دعویٰ نہیں کیا جا سکتا ہے

اگر تو اللہ کو نہیں سمجھ سکا ہے
تو سب کچھ بیکار ہے، سب کچھ لا حاصل ہے
یونس ایمرے یہی کہتا ہے
ہزار حج سے بہتر ہے
سب سے بہترین عمل یہی ہے
تو کسی انسان کے دل میں اپنی جگہ بنا لے

ان اشعار کو پڑھ کر ہمیں یونس ایمرے کے تحصیل علم کے بارے میں خیالات کا اندازہ ہو جاتا ہے۔ ان کے خیالات و افکار کی آگہی سے اندازہ ہوتا ہے کہ انہوں نے مکتب و مدرسہ سے علم حاصل کیا تھا۔ وہ تمام مروّجہ علوم کے بارے میں جانتے تھے۔ تاہم وہ صوفیانہ خیالات

12: چُن: اگر (چونکہ)　13: طات: اطاعت　14: یلمک: جاننا (بات کرنا، کہنا)

کی طرف بچپن ہی سے مائل تھے۔

یونس ایمرے کے بچپن اورنوجوانی کے بارے میں بھی زیادہ معلومات موجودنہیں ہیں۔ تاہم ہم کہہ سکتے ہیں کہ اس دور میں زراعت اورکھیتی باڑی عام تھی لہٰذا یونس ایمرے نے بھی یہ کام ضرور کیے ہوں گے۔

اس دور میں قحط سالی نے اناطولیہ کو اپنی لپیٹ میں لے رکھا تھا۔ یونس ایمرے اور ان کے خاندان کو بھی مشکل حالات سے گزرنا پڑا اور وہ بھی متاثر ہوئے۔

تاہم یونس ایمرے غلے اور گندم کی تلاش میں نکلے تو انہیں اس سے بھی زیادہ قیمتی شے مل گئی جس کا کوئی نعم البدل نہیں تھا۔

قحط اور سفر

اناطولیہ میں سلجوقی سلطنت کمزور ہوتی جا رہی تھی۔ سلطنت بکھر رہی تھی اور اس میں انتشار پیدا ہو رہا تھا۔ منگولوں کے حملوں اور اندرونی خلفشار سے سلطنت کی مالی اور اقتصادی صورت حال ابتر ہو رہی تھی۔ رعایا غربت و افلاس کے چنگل میں پھنستے جا رہے تھے۔ رعایا کا بادشاہ اور سرکاری اہلکاروں پر اعتماد اٹھتا جا رہا تھا۔ بغاوتوں نے سر اٹھانا شروع کر دیا تھا۔

ان تمام مشکلات کے ساتھ قحط سالی نے بھی سر اٹھانا شروع کر دیا۔ بارش کا ایک قطرہ بھی آسمان سے نہ ٹپکا۔ خشک سالی سے کھڑی فصلیں تباہ ہو گئیں۔ مصیبتوں اور مشکلات نے اناطولیہ کا رخ کر لیا تھا۔ پانی کے بغیر زمینیں بنجر ہونے لگیں۔ پھول، پودے، درخت سب مرجھا گئے۔ جھیلیں خشک ہو گئیں۔ انسانوں کے ساتھ ساتھ جانور، پرندے سب بھوک پیاس سے نڈھال تھے اور مویشی بے حال تھے۔

سب فکر مند تھے کہ ان حالات میں کیا کِیا جائے؟ سب اِن حالات[15] سے تنگ تھے۔ انسانوں کے چہرے مرجھائے ہوئے تھے۔

اناطولیہ کی زرخیز اور بابرکت سرزمین خشک ہو چکی تھی۔ سارے کوئے کے باشندے بھی اس صورتحال سے پریشان تھے۔ کسان بدحال تھے۔ یونس ایمرے کے گھر میں بھی فاقہ کشی کا ڈیرا تھا۔ سارے کوئے میں فصلیں اور کھیت کھلیان خشک ہو چکے تھے۔

یونس دوسروں کے دکھ درد کو اپنا دکھ درد سمجھتا تھا۔ اس سے اپنے اردگرد کے لوگ بھوکے پیاسے اور پریشان دیکھے نہیں جاتے تھے۔ ان حالات کا اس پر گہرا اثر ہوا۔ وہ ان لوگوں کے زخموں پر مرہم رکھنا چاہتا تھا۔ وہ کبھی زمین کو دیکھتا اور کبھی آسمان کی طرف۔ وہ اس صورت

15: احوال: حالات: حال

حال سے خاصا پریشان تھا اور کسی حل کی تلاش میں تھا۔

انسانوں کی اس بے بسی کا حل نکالنے کے لیے وہ دن رات سوچوں میں گم تھا۔ اس دوران اسے ایک ولی[16] ذات اور مخیّر شخص کے بارے میں پتا چلا جو اتنا سخی تھا کہ اپنے در پر آنے والے کو کبھی خالی ہاتھ نہ لوٹاتا۔ بھوکوں کو کھانا کھلاتا اور یتیموں کے سر پر شفقت سے ہاتھ رکھتا۔ یہ ولی اللہ کون تھا؟ یہ عجیب[17] وغریب شخص کون تھا؟ اس دورِ ابتلاء میں ایسا شخص ڈھونڈنا آسان نہیں تھا۔ ایسے شخص کی موجودگی ایک نعمت سے کم نہ تھی۔ لوگوں کو یقین نہیں تھا کہ ان مشکل حالات میں ایسا شخص بھی ہوسکتا ہے۔

پہلے پہل تو یونس کو بھی اس کا یقین نہ آیا۔ اس کے باوجود وہ اس شخص کو تلاش کرنا چاہتا تھا اور اس سے ملنا چاہتا تھا۔ یونس نے اس شخص کی تلاش شروع کردی۔ یہ شخص حاجی بکتاش ولی تھا جو کیر شہر کے قریب صولوجا کارا ہویوک میں رہتا تھا۔ حاجی بکتاش ولی ایک عظیم بزرگ اور کامل ولی اللہ تھا۔ یونس ایمرے کو جب ان کا پتا چلا تو وہ ان سے ملنے چل نکلا۔

مسافت بہت طویل تھی لیکن جب یونس کو اس روشنی کا معلوم ہوا تو وہ اس کی تلاش میں چل پڑا۔ ان حالات میں حاجی بکتاش ولیؒ کی ذات امید کی کرن تھی۔ یونس کے پاس ان سے ملنے کے علاوہ کوئی اور راستہ موجود نہیں تھا۔ یونس نے اللہ پر بھروسا کیا اور سفر پر چل نکلا۔

یونس ایک طویل سفر پر روانہ ہو چکا تھا۔ سفر بہت کٹھن تھا۔ راستے کی تمام مشکلات کو برداشت کرنا تھا۔ پہاڑ، میدان، درّے سب عبور کرتے وہ چلتا گیا۔ وہ ایک نہ ختم ہونے والے سفر پر روانہ ہو چکا تھا۔ وہ اس عظیم ولی اللہ کے حضور حاضر ہونا چاہتا تھا۔ تاہم ایک سخی کے سامنے وہ خالی ہاتھ کیسے حاضر ہوتا؟ کوئی تحفہ تو لے کر جاتا۔ یہ سوچ کر یونس فکرمند ہو جاتا۔

یونس چلتے چلتے ایک جنگل میں آ نکلا۔ ہر طرف جنگل اور درخت ہی درخت تھے۔ خزاں کا موسم شروع ہو چکا تھا۔ درختوں کے پتے زرد ہونا شروع ہو گئے تھے۔ پھلوں سے لدی ٹہنیاں جھکی ہوئی تھیں۔ یونس نے وہ پھل خود بھی کھائے اور بطور تحفہ اپنے ساتھ بھی رکھ لیے۔ ایسے

16: ولی: ولی اللہ

17: عجب: عجیب

لگتا تھا کہ یہاں قحط نہیں پہنچ سکا۔ یونس نے اپنے آپ سے کہا۔ ''اس میں بھی کوئی حکمت ہے کہ ان پھلوں کو اکٹھا کروں اور اس عظیم شخص کو پیش کروں۔ یوں ہاتھ میں کچھ تو ہو۔'' ان خیالات کے ساتھ اس نے پھلوں کو اکٹھا کرنا شروع کر دیا۔ اب وہ کچھ پُرسکون دکھائی دے رہا تھا۔ اب سفر کی طوالت اس کے لیے کچھ معنی نہیں رکھتی تھی۔ اس کے لیے اہم بات یہ تھی کہ وہ حاجی بکتاش ولیؒ کے حضور خالی ہاتھ نہیں جانا چاہتا تھا۔

ان پھلوں کی وجہ سے یونس کا سفر خوش گوار ہو گیا تھا۔ ایک کٹھن اور طویل سفر کے بعد وہ کیر شہر پہنچا۔ یہ کیر شہر کا صولوجا کارا ہویوک گاؤں تھا جہاں حاجی بکتاش ولیؒ قیام پذیر تھا۔ وہ پوچھتا پوچھتا حضرت حاجی بکتاش ولیؒ کی درگاہ پر پہنچ گیا۔ اس نے درگاہ کے دروازے پر دستک دی تو درگاہ کے درویشوں نے اس سے اس کا حال احوال پوچھا۔ وہ ظاہری طور پر پریشان حال دکھائی دے رہا تھا۔ یونس نے کہا:

''اے درویشو! مجھے معلوم ہوا ہے کہ یہاں ایک سخی ذات قیام پذیر ہے۔ اگر ممکن ہو تو میں ان کے حضور حاضر ہو کر ان کی دست بوسی کرنا چاہتا ہوں۔''

یہ سن کر درویشوں نے کہا:

''اس درگاہ کے دروازے سب کے لیے کھلے ہیں۔ تاہم آپ کی آمد کی کیا وجہ ہے؟''

یونس نے کہا:

''ہمارے علاقے میں قحط نے ڈیرے ڈال رکھے ہیں۔ ہمارے پاس جو کچھ تھا سب ختم ہو چکا ہے۔ ہمارے اہل خانہ اور لوگ بھوک اور پیاس کی وجہ سے نڈھال ہیں۔ ہم نے سنا ہے کہ حاجی بکتاش ولیؒ مفلوک الحال لوگوں کی مدد کرتے ہیں۔ بھوکوں کو کھانا کھلاتے ہیں۔ مظلوموں کو پناہ دیتے ہیں۔ ہم ان کی عنایت[18] اور احسان کے طلب گار ہیں۔''

درویش، یونس کو مسافر خانے میں لے گئے۔ انہیں کھلایا پلایا۔ ان کے آرام وسکون کا بندوبست کر کے وہ حاجی بکتاش ولیؒ کے پاس گئے اور انہیں یونس کی صورت حال کے بارے

18: عنایت: احسان، مدد

میں آگاہ کیا۔

حاجی بکتاش ولیؒ نے یونس کو اپنے پاس بلایا اور اس کا حال احوال پوچھا۔ یونس نے انہیں اپنے اور اپنے علاقے کے حالات و واقعات کے بارے میں آگاہ کیا اور کہا:

''مجھے یہاں خالی ہاتھ آتے شرم محسوس ہو رہی تھی۔ جنگلوں کے یہ پھل قبول فرمایئے۔ اس کے علاوہ ہمارے پاس اور کیا بچا ہے؟''

حاجی بکتاش ولیؒ ایک عظیم صوفی بزرگ اور ولی اللہ تھے۔ وہ دلوں کا حال جانتے تھے۔ یونس کے حال احوال جان کر وہ اس کی طرف دیکھنے لگے۔ انہوں نے یونس سے کہا:

''یونس آپ ذرا آرام کریں۔ آپ نے طویل سفر کیا ہے۔ تھکے ہوئے ہیں۔ تھوڑا آرام کریں۔''

یونس چند دن تو کیا چند گھڑیاں بھی وہاں ٹھہرنا نہیں چاہتا تھا۔ اس نے گردن جھکاتے ہوئے کہا:

''میرے اہل خانہ اور ہمسائے سب میری راہ دیکھ رہے ہیں۔ مجھے غلہ عنایت کریں تاکہ میں واپس جاؤں۔''

یہ سن کر حاجی بکتاش ولیؒ نے کہا:

''آپ فی الحال آرام کریں۔ سب کچھ ہو جائے گا۔''

یہ کہہ کر انہوں نے یونس کے قیام و طعام کے بندوبست کا حکم دیا۔

یونس نے چند دن درگاہ پر قیام کیا۔ اسے درگاہ کے روحانی کمالات کا اندازہ نہیں تھا۔ اس کی خواہش وہاں سے غلہ لے کر فوراً اپنے گاؤں روانہ ہونا تھا جب کہ دوسری طرف حاجی بکتاش ولیؒ اس نوجوان کو اپنے سایہ شفقت میں لے کر اسے روحانی منازل طے کرانا چاہتے تھے۔ ان کی نیت یونس کو راہ حق پر چلانا تھا۔

غلہ چاہیے یا روحانیت

درویشوں نے یونس کی خوب خدمت کی۔ ان کا خوب خیال رکھا۔ آرام دہ بستر تیار کیا۔ صبح ناشتے کے بعد اردگرد کی سیر کرائی اور گھمایا پھرایا۔

اگرچہ یونس نے کچھ آرام اور استراحت وسکون محسوس کیا لیکن اس کا دل اب بھی بیتاب تھا۔ اس کا ذہن بے سکون تھا۔ اس کی بے چینی بڑھتی جارہی تھی۔ اسے اپنے گاؤں، خاندان اور دوستوں کی صورت حال پریشان کیے ہوئی تھی لیکن حاجی بکتاش ولیؒ ان کے بارے میں کوئی اور ہی منصوبے بنا رہے تھے۔ دوسری طرف یونس کا دل اور ذہن گاؤں میں اٹکا ہوا تھا۔

حاجی بکتاش ولیؒ کو یونس کی صورت حال کا اندازہ تھا۔ تاہم وہ یونس کو روحانی منازل طے کرانے کے بارے میں سوچ رہے تھے۔ وہ گندم اور غلہ دینے کی بجائے ان کا ہاتھ تھامنا[19] چاہ رہے تھے۔ حاجی بکتاش ولیؒ کے مطابق انہیں روحانی طور پر غذا کی ضرورت تھی۔ وہ پیٹ سے زیادہ روح کی غذا کے بارے میں فکرمند تھے۔ حاجی بکتاش ولیؒ نے آج تک اپنے دروازے اور درگاہ پر آنے والے شخص کے ساتھ یونس جیسا سلوک نہیں کیا تھا۔ وہ یونس کے تحفے سے اور ان کے خیالات وافکار سے بہت متاثر ہوئے تھے۔ یونس کا رویہ اور اس کی سوچ انہیں بہت اچھی لگی تھی۔

حاجی بکتاش ولیؒ مردم شناس شخص تھے۔ وہ کسی کے چہرے سے اس کے دل کا حال معلوم کر لیتے تھے۔ انہیں یونس میں ایک مختلف انسان نظر آیا۔ انہیں اس نوجوان میں ایک روشنی نظر آئی اور اس روشنی کا پھیلنا ضروری تھا۔ اسی سوچ کے ساتھ حاجی بکتاش ولیؒ نے ایک درویش کو بلایا اور کہا:

19: ایل ویرمک: ہاتھ تھامنا

"جاؤ اور ہمارے مہمان سے پوچھو کہ اسے غلہ چاہیے یا روحانیت[20]؟"

درویش یونس کے پاس گیا اور اس سے پوچھا:

"اے یونس! ہمارے پیر و مرشد پوچھ رہے ہیں کہ آپ کو غلہ چاہیے یا روحانیت اور حکمت؟ آپ اس سلسلے میں کیا کہتے ہیں؟"

یونس یہ سن کر بہت پریشان ہو گیا۔ اس کی آنکھوں کے سامنے اس کے گاؤں کے لوگ اور اہل خانہ اس کے منتظر نظر آئے۔ لوگوں کی مفلوک الحالی اور غربت اس کے سامنے تھی۔ وہ درویش کی طرف مڑ کر کہنے لگا:

"اے درویش بھائی! مجھے غلہ چاہیے، اس کے علاوہ کچھ نہیں چاہیے۔"

یونس کے اس جواب کو حاجی بکتاش ولیؒ تک پہنچا دیا گیا۔ جواب سن کر حاجی بکتاش ولیؒ سوچ میں پڑ گئے۔ وہ ایسا قیمتی موتی اور جوہر کھونا[21] نہیں چاہتے تھے۔ انہوں نے درویش سے کہا:

"اگر یونس چاہے تو اسے اس قدر روحانیت اور حکمت کی پیش کش کی جائے جس قدر ان کے لائے ہوئے پھلوں کے اندر بیجوں کی تعداد ہے لیکن وہ غلے کے خیال کو ترک کر دے۔"

درویش دوبارہ یونس کے پاس آ گیا۔ یونس کے چہرے سے مایوسی عیاں تھی۔ یونس نے درویش سے کہا:

"ہاں بتائیے درویش! کیا مجھے غلہ ملے گا؟ میرے اہل و عیال میرا راستہ دیکھ رہے ہیں۔"

درویش نے اس کی طرف دکھ بھری نظروں سے دیکھا اور دو دفعہ سر ہلایا اور کہا:

"ہمارے شیخ نے کہا ہے کہ یونس جو جنگلی پھل ہمارے لیے تحفہ لایا ہے اس میں ہر بیج کے عوض اسے علم و عرفان اور حکمت دے دیں اور غلہ کی طلب نہ کرے۔"

یونس یہ سن کر غمزدہ ہو گیا۔ اس کا کلیجہ پھٹ گیا۔ اس کی آنکھوں کے سامنے اس کے گھر کا

20: حمت: روحانیت (علم و عرفان)　　21: حیدر اتمیک: (ضائع کرنا) کھونا

منظر آ گیا۔ وہ اپنے اہل و عیال اور اپنے منتظر گاؤں کے لوگوں کے بارے میں سوچنے لگا جو بھوک سے نڈھال تھے۔ وہ حاجی بکتاش ولیؒ کی پیش کش کے بارے میں زیادہ نہیں جانتا تھا۔ اس کی حالت نارمل نہیں تھی۔ اگر اس کے گاؤں میں قحط و خشک سالی کی صورت حال نہ ہوتی تو وہ شاید اس پیش کش کے بارے میں سوچتا اور اس کی قدر و قیمت جانتا۔ تاہم غربت و افلاس اور قحط کی وجہ سے اسے غلے کے علاوہ کچھ سمجھ نہیں آ رہا تھا۔ اس نے درویش سے کہا:

''میں آپ کی درگاہ پر آیا ہوں۔ میری طرح[22] کا بندہ اس حال میں عرفان اور حکمت کو کیا سمجھے گا؟ اگر مجھے کچھ عطا کرنا ہے تو غلہ عطا کیجئے۔ میرے حال پر رحم فرمایئے۔''

حاجی بکتاش ولیؒ کو اس فاقہ کش نوجوان پر ترس آ گیا۔ شدید خواہش کے باوجود اسے حکمت اور روحانیت نہ دی۔ حاجی بکتاش ولیؒ گہری سوچ میں پڑ گئے اور پھر کچھ دیر بعد درویشوں سے کہا:

''ہمارے مہمان کے لیے بوریوں میں غلہ بھریں۔ اسے اچھے طریقے سے الوداع کریں۔''

یہ خوش خبری سن کر یونس بہت خوش ہوا۔ غلہ کی بھری بوریاں لے کر گاؤں روانہ ہو گیا۔ وہ اندر سے بہت خوش تھا۔ وہ فوری طور پر پرندوں کی طرح اڑ کر اپنے خاندان کے پاس پہنچنا چاہتا تھا۔

وہ شب و روز سفر کرتا رہا۔ سفر کے دوران وہ یوں سوچتا گیا......

''کیا میں نے کوئی غلطی تو نہیں کی ہے؟ حاجی بکتاش ولیؒ انہیں حکمت و عرفان سے نوازنا چاہ رہے تھے۔ کیا انہوں نے کوئی بشری کمزوری[23] تو نہیں دکھائی۔ انہیں یہ ہرگز[24] نہیں کرنا چاہیے تھا۔'' وہ یہ سوچ کر پریشان ہو گیا۔ غلہ ملنے کی خوشی ختم ہو چکی تھی۔ وہ چلتے چلتے رک گیا اور پیچھے مڑ کر درگاہ کی طرف دیکھنے لگا۔ وہ اداس دکھائی دے رہا تھا۔

اب وہ اس جنگل کے قریب سے گزر رہا تھا جہاں سے اس نے جنگلی پھل اکٹھے کیے

22: بین جی لین: میری طرح   23: زیون اولمک: کمزور ہونا (ضغیف ہونا)   24: ہرگز: بالکل

تھے اور بطور تحفہ حاجی بکتاش ولیؒ کو پیش کیے تھے۔ وہاں بلبل درخت پر بیٹھی اداس گیت گا رہی تھی۔ بلبل کے اداس گیت سن کر وہ مزید اداس ہو گیا۔ وہ وہاں بیٹھ گیا اور بلبل کے نالے سننے لگا۔ جونہی بلبل گاتی، یونس کا درد سِوا ہو جاتا اور وہ زیادہ اداس ہو جاتا۔ اسے اپنی غلطی کا احساس ہو گیا تھا۔ اب کیا ہو سکتا تھا۔ تیر کمان سے نکل چکا تھا۔ وہ غلے کی طرف دیکھنے لگا۔ اسے کچھ تسلی ہوئی۔ وہ کبھی بلبل اور کبھی غلے کی طرف دیکھتا۔ اس کے ہونٹوں سے یہ مصرعے نکلنے شروع ہو گئے:

بلبل

اے بلبل تو کیوں روتی ہے
تجھے کیا ہوا ہے
کیا تو تنہا رہ گئی ہے
اے بلبل تو کیوں روتی ہے

کیا تو تلاش کرتے کرتے تھک گئی ہے
کیا تو دریا اور پہاڑ ڈھونڈتے تھک گئی ہے
کیا تو اپنے یار اور قافلے سے جدا ہو گئی ہے
اے بلبل تو کیوں روتی ہے

تو جتنی شدت[25] سے گا رہی ہے
میرا درد بھی اتنا ہی گہرا ہے
کیا تو اپنے دوست سے ملنا چاہتی ہے
اے بلبل تو کیوں روتی ہے

25: یعوز: شدت (شدید) 26: قلعا: قلعہ، حصار 27: نام وعار: شہرت وعزت

کیا شہر کا قلعہ[26] مسمار ہو گیا ہے
کیا تیری شہرت و عزت[27] ختم ہو گئی ہے
کیا تو پردیس میں اکیلی رہ گئی ہے
اے بلبل تو کیوں روتی ہے

تو گل و گلستاں میں سیر کر
تازہ پھولوں سے اپنا دل بہلا
خوش ہو اور اداس مت ہو
اے بلبل تو کیوں روتی ہے

میں جیسے نیند سے جاگ گیا ہوں
جیسے میرا بدن لہولہان ہو
اور میرا دل جل گیا ہو
اے بلبل تو کیوں روتی ہے

یونس کو کیا ہو گیا ہے
یہ عشق کے سمندر میں کھو گیا ہے
عشق نے اسے باغ و بہار کر دیا ہے
اے بلبل تو کیوں روتی ہے

وہاں یونس اور بلبل کے علاوہ کوئی نہ تھا۔ یونس کے نالے اور یہ مصرعے بلبل ہی نے سنے۔ اب یونس کا دل خون کے آنسو رو رہا تھا اور وہاں خوشی کی جگہ پشیمانی تھی۔ جب اسے اپنی غلطی کا احساس ہوتا تو اس کا کلیجہ منہ کو آتا اور وہ اداس اور مایوس ہو جاتا۔ اگر وہ عرفان و

26: قلعا: قلعہ، حصار 27: نام وعار: شہرت وعزت

حکمت لے لیتا تو اس کے لیے یہ بہتر تھا۔ وہ سوچتا اور پریشان ہو جاتا۔ وہ عظیم انسان اس سے نیکی اور اچھائی کرنا چاہتا تھا۔ یونس کو اپنی غلطی کا احساس ہو گیا تھا۔ پاس آئی قسمت اور خوش بختی کو اس نے ٹھکرا دیا تھا۔ اس نے غلے کو حکمت و عرفان پر ترجیح دی تھی۔ یونس جوں جوں یہ سوچتا اس کا رنگ فق اور زرد ہوتا جاتا۔ اس کے پاؤں جواب دے رہے تھے اور وہ آگے چلنا نہیں چاہتا تھا۔ اس میں آگے بڑھنے کی ہمت جواب دے چکی تھی۔

اسی پریشانی میں وہ ایک درخت کے سائے تلے بیٹھ گیا۔ اسے حاجی بکتاش ولیؒ کے الفاظ یاد آنے لگے۔ ''ہم ہر پھل کے بیج کے بدلے آپ کو عرفان وحکمت عطا کرتے ہیں۔'' عرفان وحکمت کا مطلب روحانی مراتب تھے۔ وہ اپنی عقل پر ماتم کرنے لگا۔ اس نے دنیا کے مال و متاع کی وجہ سے روحانیت کو ٹھکرا دیا تھا۔ وہ سوچنے لگا۔ ''اب کیا کروں، اپنا سر کس پتھر پر ماروں؟ مجھے واپس جانا چاہیے اور اپنی غلطی کی معافی طلب کرنی چاہیے۔ کیا وہ صاحب حکمت و دانش 28 مجھے معاف کر دے گا؟''

یونس وہاں بیٹھے بیٹھے کافی دیر سوچتا رہا۔ وہ نہ اپنے گاؤں کی طرف جا رہا تھا اور نہ اسے واپس درگاہ کی طرف جانے کی جرأت ہو رہی تھی۔ وہ اپنے اہل خانہ کو بھی قحط سالی اور بھوک و افلاس کا شکار ہوتا نہیں دیکھنا چاہتا تھا۔ آخر کار پریشانی کی حالت میں وہ اٹھ کھڑا ہوا اور گاؤں کی طرف چل دیا۔ راستہ طویل تھا اور ختم ہونے کا نام نہیں لے رہا تھا۔

یونس بھاری بھاری قدم اٹھاتا چلتا جا رہا تھا لیکن سوچوں نے اسے آگھیرا تھا۔ وہ سوچ رہا تھا۔ ''میں لوگوں 29 کو کیا منہ دکھاؤں گا۔ کیا کہوں گا کہ کتنی بڑی دولت 30 ٹھکرا دی ہے۔ میرا کیا حال ہو گیا ہے۔ میں نے دنیا کے مال کو عرفان وحکمت پر کیوں ترجیح دی ہے؟ دنیا کا مال ومتاع ختم ہونے والا ہے۔ سب نے اس فانی دنیا سے چلے جانا ہے۔ قارون کا خزانہ بھی یہاں ناکافی ہے۔ یہ دنیا کسی کی نہیں ہو سکی۔ کوئی اس دنیا میں خوش بختی 31 نہیں ڈھونڈ سکا۔

28: حکمت: دانش، علم وحکمت 29: قامو: لوگ (عام عوام) 30: بے لیک: دولت

31: قسمت: خوش بختی

حضرت سلیمان علیہ السلام بھی اس دنیا سے خالی ہاتھ گئے۔ سب کچھ یہاں رہ گیا۔ یہ دنیا کسی کی نہیں رہی۔"

فکر مند یونس غلہ لے کر گاؤں کی طرف بڑھتا رہا۔ آخر کار سفر ختم ہو گیا۔ یونس اپنے گاؤں پہنچ گیا۔ غلے کو دیکھ کر یونس کی ماں نے اسے گلے لگا لیا۔ تاہم یونس بے حس و حرکت تھا۔ اس کا دماغ اور دل کہیں اور ہی تھا۔ اس کی آنکھیں کچھ اور ہی دیکھ رہی تھیں۔ اس کے کان کچھ اور ہی آوازیں سن رہے تھے۔

بے چاری ماں کتنے ہی دن سے یونس کا راستہ دیکھ رہی تھی۔ وہ سوچنے لگی شاید طویل فاصلے کی وجہ سے اس کا بیٹا بیمار ہو گیا ہے اور تھک گیا ہے۔ ماں نے بیٹے کے چہرے کی طرف دیکھا۔ پھر دوبارہ چہرے کی طرف دیکھنے لگی۔ یونس کا چہرہ اداس تھا۔ آنکھوں کے گرد سیاہ ہلکے پڑ چکے تھے۔ ہونٹ سوجے ہوئے تھے۔ ماں بیٹے کے پاس بیٹھ گئی اور پوچھنے لگی: "ماں قربان! یونس کیا ہو گیا ہے؟ تمہارے چہرے پر اداسی کیوں ہے؟ کیا طویل سفر نے تمہیں تھکا دیا ہے؟ بتاؤ میرے شیر تمہیں کیا ہو گیا ہے؟ آپ کی آمد ہم سب کے لیے خوشی کا باعث بنی ہے لیکن تمہارا چہرہ زرد ہے اور لٹکا ہوا ہے۔ خاموش خاموش لگ رہے ہو، کیا ہو گیا ہے؟ کیا تم بیمار ہو؟ تمہیں کیا مسئلہ ہے؟ ماں کو بتاؤ کیا ہوا ہے؟ میں بہت فکر مند ہوں۔"

یونس نے ماں کے چہرے کی طرف دیکھا اور کہا:

"آپ کی خوشی ہی میری خواہش ہے۔ میں نے ایک طویل سفر کیا ہے۔ میں نے ایک غلطی کی ہے۔ مجھ سے بڑی خطا ہو گئی ہے اور مجھے اس کا اندازہ بھی نہیں ہوا۔ میں اس غلطی کی پشیمانی کی وجہ سے اداس اور فکر مند ہوں۔"

یہ سن کر ماں نے کہا:

یونس! مجھے پہیلیاں مت بجھاؤ۔ واضح طور پر بتاؤ کیا ہوا ہے؟ تمہیں کس طرح کی پریشانی ہے؟ اللہ تعالیٰ ہر کسی کو پریشانی سے بچائے۔"

یونس نے ماں کے اصرار پر کہا:

''حاجی بکتاش ولیؒ کی درگاہ پر پہنچ کر میں نے اپنا حال احوال بیان کیا۔ غلہ حاصل کرنے کی خواہش کا اظہار کیا۔ انہوں نے میری بات سن کر کہا۔ ''غلے کو کیا کرو گے؟ میں تمہیں عرفان و حکمت عطا کرتا ہوں۔'' مجھے حکمت و عرفان کا کیا پتا۔ میں غلے کی خواہش پر اصرار کرتا رہا۔ حاجی بکتاش ولیؒ نے اصرار کرتے ہوئے کہا:

''تمہارے جنگلی پھلوں کے تحفے کے اندر جتنے بیج ہیں، اس قدر عرفان و حکمت لے لو اور غلے کی خواہش چھوڑ دو۔''

میں غلے کی خواہش کا اصرار کرتا رہا۔ مجھے آپ کی پریشانی اور بھوک و افلاس بار بار یاد آ رہی تھی۔ آپ کی پریشانی اور بھوک و افلاس کی وجہ سے اس صاحب حکمت اور عظیم انسان کی پیش کش کو سمجھ نہ سکا اور ٹھکرا دیا۔ علم و حکمت اور عرفان کی قدر و قیمت سمجھ نہ سکا۔ میں غلے کے حصول پر اصرار کرتا رہا۔ میرے اصرار اور جواب پر انہوں نے مجھے میری استطاعت کے مطابق مجھے غلہ عنایت کر دیا اور میں وہاں سے چلا آیا۔ اس طویل سفر کے دوران میں سوچتا آیا کہ کہیں میں نے غلطی تو نہیں کر دی۔ کیا مجھ سے کوئی خطا تو سرزد نہیں ہو گئی ہے۔ میں سوچ میں پڑ گیا۔ مجھے اپنا رویہ اور اصرار برا محسوس ہونے لگا۔ میں نے غلے کو روحانیت اور عرفان و حکمت پر ترجیح دی جو میری بڑی غلطی تھی۔ مجھے اپنے غلط فیصلے کا ادراک ہو گیا ہے۔ اس غلطی کے احساس کی وجہ سے میرا چہرہ مرجھا گیا ہے اور میں یوں نڈھال ہو گیا ہوں۔''

یہ سن کر یونس کی ماں ششدر رہ گئی۔ انہیں بھی اپنے بیٹے کی غلطی کا احساس ہو گیا تھا۔ وہ یونس سے کہنے لگی:

''اے بیٹے! تم نے ہمارے بارے میں کیوں سوچا؟ ہم اب تک جیسے زندگی بسر کرتے آئے ہیں ویسے آئندہ بھی بسر کرتے رہتے۔ یہاں تو عرصہ دراز سے قحط سالی ہے۔ ہم اس کے عادی ہو چکے ہیں۔ تم نے اپنی قسمت کو کیوں ٹھکرا دیا ہے؟ آئی نعمت کو کیوں واپس کر دیا؟ اس خوش قسمتی سے نہ جانے کیسے کیسے بند دروازے کھل جاتے۔ آہ! یہ کیا ہو گیا۔ کاش کہ جب تمہیں غلطی کا احساس ہو گیا تھا تو اسی وقت الٹے پاؤں واپس چلے جاتے۔ تاہم اب بھی کچھ

نہیں بگڑا۔ ایسے عظیم لوگوں کا دل بہت کشادہ ہوتا ہے۔ وہ لوگوں کی غلطیوں اور خطاؤں سے درگزر کرتے ہیں اور انہیں معاف کر دیتے ہیں۔ اٹھو اور واپس جاؤ۔ حاجی بکتاش ولیؒ کے پاس جاؤ۔ ان سے معافی طلب کرو۔ اپنی غلطی کے ارتکاب پر افسوس کرو۔ شاید وہ آپ کو عرفان وحکمت سے دوبارہ نواز دیں۔ آپ کو معاف کر دیں۔"

ماں نے یونس کی ہمت بندھائی۔ یونس کو کچھ حوصلہ ہوا اور وہ حاجی بکتاش ولیؒ کی درگاہ کی طرف واپس چل پڑا۔

اب وہی راستے جن پر چل کر وہ تھک گیا تھا، سب سیدھے اور صاف نظر آنے لگے۔ وہ تیز تیز چل رہا تھا۔ اسے اپنی پشیمانی کا مداوا کرنا تھا۔ وہ اپنے آپ سے کہنے لگا۔ "یہ درد میرا دوست ہے۔ میری یہ آہ وزاری مجھے عرش پہ پہنچا دے گی۔"

راستہ بہت طویل تھا۔ یونس خون پسینہ ایک کرتا ہوا آخرکار درگاہ پر پہنچ گیا۔ اب پریشانی کے ساتھ ساتھ وہ ہیجان سے پُر بھی تھا۔ اس نے وہاں موجود درویش کو اپنی صورت حال سے آگاہ کیا اور کہا:

"مجھ سے غلطی سرزد ہوگئی ہے۔ مجھے غلہ نہیں عرفان وحکمت چاہیے تھا۔ یہ میری جہالت اور کم فہمی تھی جس کی وجہ سے مجھ سے غلطی ہوگئی اور میں نے غلے پر اصرار کیا اور حاجی بکتاش ولیؒ کی پیش کش کو قبول نہ کرسکا۔ وہ غریبوں اور مسکینوں کا مونس[32] ہے۔ میری آہ وزاری[33] ان سے بیان کریں۔ مجھے علم وعرفان اور حکمت وروحانیت چاہیے۔"

حاجی بکتاش ولیؒ کو صورت حال کا علم تھا۔ انہیں معلوم تھا کہ ایسا ہوگا۔ انہیں معلوم تھا کہ جلد یا بدیر یونس کو اپنی غلطی کا احساس ہو جائے گا اور وہ واپس آئے گا۔ تاہم اب دیر ہو چکی تھی۔ یونس کو اب کسی اور کے در پر بیٹھ کر تیار ہونا تھا۔ اسے اس مقصد کے حصول کے لیے کہیں دوسرے در پر پختہ ہونا تھا۔ درویش نے جب یونس کی صورت حال حاجی بکتاش ولیؒ کو بیان کی تو حاجی بکتاش ولیؒ نے اسے کہا:

32: مونس: دوست　33: آہ وزار: آہ وزاری

''اب وقت گزر چکا ہے۔ یونس کی خواہش اب یہاں پوری نہیں ہو سکتی۔ ہم نے اس کے دروازے کی چابی طاپتوک ایمرے کو دے دی ہے۔ اگر اسے عرفان و حکمت چاہیے تو طاپتوک کے در پر جائے اور اس سے طلب کرے۔ اب ہمارے پاس اس کے لیے کچھ نہیں ہے۔''

درویش کا یہ جواب سن کر یونس بہت پریشان اور اداس ہوا۔ تاہم اب بھی اس کے لیے تمام دروازے بند نہیں ہوئے تھے۔ اب اس کی قسمت کی چابیاں طاپتوک ایمرے کے پاس تھیں۔ اب اسے وہاں اپنا ماتھا رگڑنا تھا۔ اسے طاپتوک ایمرے کے در پر جانا تھا لہٰذا وہ وہاں سے روانہ ہو گیا۔ اس کے اندر عشق کی آگ جل رہی تھی۔

طاپتوک ایمرے

طاپتوک ایمرے ایک عظیم صوفی بزرگ تھے جو خراسان سے ہجرت کر کے اناطولیہ تشریف لائے تھے۔ ان کا حسب نسب بھی ترک تھا۔ وہ دریائے سقاریہ کے قرب و جوار میں جا کر آباد ہوئے تھے۔ وہاں انہوں نے اپنا ٹھکانہ بنایا اور درگاہ قائم کی۔ اس زمانے میں عقل و خرد رکھنے والے بچے ان درگاہوں سے منسلک ہوتے اور وہیں سے تعلیم و تربیت حاصل کرتے تھے۔ نوجوان درگاہوں سے علم و ادب سیکھتے۔ درگاہیں علم و ادب اور تعلیم و تربیت کا مرکز تھیں۔ وہاں سادگی اور عجز و انکساری سے بھرپور زندگی بسر کی جاتی اور اس کا درس دیا جاتا تھا۔

حاجی بکتاش ولیؒ نے ایک دن اناطولیہ کے خطے میں موجود تمام ولیوں اور درویشوں کو اپنے ہاں بلایا۔ طاپتوک ایمرے بھی ان میں سے ایک تھا جنہیں حاجی بکتاش ولیؒ نے دعوت دی تھی۔ تاہم طاپتوک ایمرے نے اس دعوت کو قبول نہ کیا اور حاجی بکتاش ولیؒ کی درگاہ پر حاضر نہ ہوا۔

طاپتوک ایمرے کے علاوہ سب درویش اور ولی حاجی بکتاش ولیؒ کی دعوت پر وہاں موجود تھے لیکن طاپتوک ایمرے وہاں موجود نہ تھا۔ اس صورت حال کو دیکھتے ہوئے حاجی بکتاش ولیؒ نے اپنے اسمٰعیل نامی ایک درویش کو طاپتوک ایمرے کے پاس بھیجا اور اسے کہا:

''جاؤ اور میری طرف سے طاپتوک ایمرے کو سلام کہو اور کہو کہ جب حضرت محمد ﷺ کی طرف سے کوئی دعوت آتی ہے تو اسے قبول کرتے ہیں۔ اس دعوت کو رد نہیں کرتے۔ جاؤ اور اس دعوت میں شرکت کرو۔ میرے مرشد آپ کے منتظر ہیں۔''

درویش اسمٰعیل طاپتوک ایمرے کے پاس گیا اور اپنے مرشد بکتاش ولیؒ کا پیغام اور سلام

انہیں پہنچایا۔ حاجی بکتاش ولیؒ کا سلام اور پیغام سننے کے بعد طاپتوک ایمرے اپنی جگہ سے اٹھے اور حاجی بکتاش ولیؒ کی درگاہ پر حاضر ہو گئے۔

طاپتوک ایمرے کو دیکھ کر حاجی بکتاش ولیؒ نے ان سے سوال کیا:

''اے درویش! آپ نے میری پہلی دعوت کو کیوں قبول نہیں کیا اور پہلی ہی دعوت پر یہاں کیوں نہیں آئے؟''

طاپتوک ایمرے نے جواب دیا: ''ہم ایک دن ایسی ہی درویشوں اور ولیوں کی ایک مجلس میں تھے۔ وہاں پردے کے پیچھے سے ایک ہاتھ نے سب کو ان کا نصیب اور قسمت عطا کی تھی۔ اس مجلس میں حاجی بکتاش نامیؒ کوئی شخص وہاں موجود نہیں تھا۔''

یہ سن کر حاجی بکتاش ولیؒ مسکرانے لگے۔ وہ سمجھ گئے تھے کہ طاپتوک ایمرے ان پر شک کر رہا ہے۔ انہوں نے کہا:

''ہاں اس مجلس و محفل میں سب کو ان کا نصیب اور قسمت تقسیم کی گئی تھی۔ تاہم کیا آپ کو پتا ہے کہ وہ نصیب اور قسمت تقسیم کرنے والا ہاتھ کس کا تھا؟''

یہ سن کر طاپتوک ایمرے نے فوری کہا:

''کیسے اسے نہ پہچانوں۔ وہ ہاتھ جو ہمیں ہمارے نصیب اور قسمت عطا کر رہا تھا، اس کے دوسرے سرے پر سبز پگڑی پہنے ایک شخص موجود تھا۔ میں اسے پہچان سکتا ہوں۔''

یہ سن کر حاجی بکتاش ولیؒ نے فوری طور پر اپنا ہاتھ بڑھایا اور طاپتوک ایمرے کی طرف کر دیا۔ طاپتوک ایمرے نے وہ ہاتھ پہچان لیا۔ یہ وہی ہاتھ تھا جس نے ان درویشوں کو ان کا نصیب اور قسمت عطا کیے تھے۔

طاپتوک ایمرے کو معلوم ہو گیا کہ وہ ایک حقیقی ولی کی مجلس اور محفل میں موجود ہے۔ وہ اسی وقت بے ہوش ہو گیا اور کہنے لگا:

''اے مرے طاپتوک بادشاہ۔'' انہوں نے یہ جملہ تین دفعہ دہرایا۔

اس واقعے کے بعد ایمرے کو طاپتوک ایمرے کہا جانے لگا۔

یونس، طاپتوک ایمرے کی تلاش میں

یونس کو اپنی غلطی کی وجہ سے حاجی بکتاش ولیؒ کے در سے علم وعرفان اور حکمت نصیب نہ ہوئے۔ تاہم حاجی بکتاش ولیؒ نے انہیں عرفان وحکمت کا راستہ دکھا دیا تھا اور انہیں کہا تھا:

''آپ کے دل کی چابیاں طاپتوک ایمرے کے پاس ہیں۔ اگر یونس کو علم وعرفان اور حکمت چاہیے تو وہ طاپتوک ایمرے کے در پر جائے۔'' یہ سوچ کر یونس کو کچھ تسلی ہوئی۔ حاجی بکتاش ولیؒ نے اسے اس کی خواہش کی تکمیل کا راستہ دکھا دیا تھا۔

یونس پوچھتا پوچھتا طاپتوک ایمرے کی درگاہ کی طرف روانہ ہو گیا۔ اس نے وقت ضائع کیے بغیر طاپتوک ایمرے کی درگاہ کا راستہ لیا اور سقاریہ کی طرف چل پڑا۔

اس کی منزل بہت کٹھن اور دور تھی۔ یونس علم وعرفان اور حکمت کو سر میں سمائے دن رات سفر کرتا رہا۔ ایک لمبے سفر کے بعد وہ دریائے سقاریہ کے قریب طاپتوک ایمرے کی درگاہ پر پہنچنے میں کامیاب ہو گیا۔ درگاہ پر موجود درویشوں کو اپنا حال احوال بیان کیا اور اپنی خواہش کا اظہار کیا۔ درویشوں نے یونس کی خواہشات کو طاپتوک ایمرے کے سامنے بیان کر دیا۔ یہ سن کر طاپتوک ایمرے نے یونس کو فوراً اپنے پاس بلایا اور اس کی خواہشات کے بارے میں پوچھا۔ یونس نے اپنے ساتھ پیش آنے والے تمام واقعات کو ایک ایک کر کے بیان کر دیا۔ یہ سن کر طاپتوک ایمرے نے یونس سے کہا:

''ہم آپ کے احوال سے آگاہ ہیں۔ ہمیں آپ کے بارے میں سب کچھ بتا دیا گیا ہے۔ آپ درگاہ پر رہیں۔ لوگوں کی خدمت کریں۔ کام کریں۔ آپ کو اپنا نصیب اور قسمت یہاں سے مل جائیں گے۔''

یونس کو معلوم ہو گیا تھا کہ محنت و مشقت کے بغیر کچھ حاصل نہیں ہو گا۔ اسے اپنی پیاس

بجھانے کے لیے چشمہ مل گیا تھا۔ اس نے خوشی خوشی وہاں رہنا قبول کر لیا اور لوگوں اور درگاہ کی خدمت کرنا شروع کر دی۔ اسے معلوم تھا کہ اس کا نصیب اور قسمت یہیں چھپا ہوا ہے۔ اسے اسی درگاہ سے فیض ملنا تھا۔ وہیں سے اسے علم وعرفان اور حکمت نصیب ہونے تھے۔

طاپتوک ایمرے کی بات سن کر یونس نے اپنا سر جھکا دیا اور کہا:

''ٹھیک ہے، میرے لیے جو بھی حکم ہو، میں حاضر ہوں۔ دل و جان سے یہاں خدمت کروں گا۔'' اس دن کے بعد یونس، طاپتوک ایمرے کی درگاہ پر موجود رہا اور جو کچھ اسے کہا جاتا، وہ کرتا رہا۔

میں بے قرار یہاں حاضر ہوا ہوں
میں یہاں[34] نہ جانے کے لیے حاضر ہوا ہوں
میں وہ تاجر[35] ہوں جس کے پاس کوئی مال[36] نہیں ہے
میں اپنا سب کچھ بیچنے کے لیے حاضر ہوا ہوں

میں یہاں ایک مشن کے لیے حاضر ہوا ہوں
میرا کام عشق ہے
میں دوست کے در پر دربان ہوں
اپنا دل دینے کے لیے حاضر ہوا ہوں

میں کوئی مدہوش[37] نہیں ہوں
مجھے عاشق ہی جانتے ہیں کہ میں کون ہوں
میں یہاں تنہا نہیں ہوں
میں اپنا سب کچھ سمیٹ کر یہاں حاضر ہوا ہوں

34: بوندا: یہاں 35: بیزرگان: تاجر 36: متاع: مال 37: اسیرک: مدہوش

وہ آقا اور میں غلام ہوں
میں عشق کے باغ کا بلبل ہوں
میں اپنے آقا کے باغ میں
خوشی کے شادیانے بجانے حاضر ہوا ہوں

یہاں موجود تمام جاندار
سب اکٹھے ہوتے ہیں
میں اپنے آقا سے ملنے
اور اپنا حال بیان کرنے حاضر ہوا ہوں

یونس ایمرے تو عاشق بن گیا ہے
وہ معشوق[38] کے درد سے پُر ہو گیا ہے
میں ایک حقیقی ولی کے در پر
اپنا حال بیان کرنے کے لیے حاضر ہوا ہوں

یونس کو طاپتوک ایمرے کی درگاہ پر لکڑیاں اکٹھی کرنے کا کام دیا گیا۔ وہ صبح درگاہ سے نکلتا، جنگلوں اور پہاڑوں سے لکڑیاں اکٹھی کرتا اور درگاہ کی ضروریات پوری کرتا۔ وہ اس کام سے خوش تھا۔ اس کے شب و روز اسی خدمت میں گزرتے اور وہ باقاعدگی سے اپنے کام میں مصروف رہتا۔

38: معشوق: محبوب

لکڑہارا یونس

یونس نے لکڑیاں اکٹھی کرنے کا کام پورے انہماک سے کرنا شروع کر دیا۔ وہ ہر روز صبح سویرے رسّی اور کلہاڑا لیتا اور جنگلوں کی طرف نکل جاتا۔ شام تک لکڑیاں کاٹتا رہتا۔ پھر ان کو ایک جگہ اکٹھی کرتا اور اپنی پشت پر رکھ کر درگاہ روانہ ہو جاتا۔

درگاہ پر جلائی جانے والی تمام لکڑیوں کا ذمہ یونس کے سر تھا۔ یہ کام اتنا آسان بھی نہیں تھا۔ یہ بہت تھکا دینے والا اور مشکل کام تھا۔ کچھ ہی عرصے بعد یونس کی پشت پر لکڑیوں کے نشانات ثبت ہو گئے لیکن یونس کو اس کی کوئی پرواہ نہیں تھی۔ وہ مسلسل اپنے کام میں مصروف رہا۔ اس نے صبر و تحمل سے اپنا کام جاری رکھا۔

یونس ہر روز لکڑیاں کاٹتا اور اپنی پشت پر لکڑیاں لاد کر درگاہ لاتا۔ سب لکڑیاں کٹی ہوئی ہوتیں۔ کوئی لکڑی کچی اور موٹی نہ ہوتی۔ یہ دیکھ کر درویشوں نے اس سے کہا:

"اے یونس! کیا جنگلوں میں کوئی کچی لکڑی نہیں ہے؟"

یونس صبر سے یہ سنتا اور اپنے کام میں مصروف رہتا۔

خشک لکڑیاں دیکھ کر طاپتوک ایمرے نے ایک دن یونس سے کہا:

"کیا جنگل میں کچی لکڑیاں نہیں ہیں؟"

یہ سن کر یونس نے اپنا سر جھکایا اور کہا:

"اے سلطان! جنگل میں کچی اور گیلی لکڑیاں ہوتی ہیں لیکن آپ کی درگاہ پر کچی لکڑیوں کا کیا کام۔"

یونس کے کام سے طاپتوک ایمرے بہت متاثر ہوئے۔ انہوں نے اس پر نظر کرم کرنا شروع کر دی۔ وہاں درگاہ پر موجود درویشوں نے بھی یہ محسوس کیا کہ شیخ، یونس پر بہت

مہربان ہیں۔

یونس مسلسل اپنے کام میں مصروف رہے۔ لکڑیاں کاٹ کر لاتے رہے۔ ایسے ہی ایک روز وہ رسّی اور کلہاڑا لے کر لکڑیاں کاٹنے جنگل میں گئے۔ انہوں نے ایک خشک ہوتے ہوئے درخت کو کاٹنا شروع کیا۔ وہ اس کو کاٹ کر شام کو درگاہ پر لے جانا چاہتے تھے۔ وہ کلہاڑا اس درخت پر مارنے ہی لگے تھے کہ درخت سے ایک عجیب وغریب آواز آئی:

''یونس! مجھے مت کاٹو۔''

یہ آواز سن کر یونس حیران رہ گیا۔ اس نے وہ سب دعائیں پڑھنا شروع کر دیں جو اسے یاد تھیں۔ اس نے ہمت باندھتے ہوئے ایک دوسرے درخت کو کاٹنا چاہا۔ اس درخت سے بھی آواز آئی:

''یونس! مجھے مت کاٹو۔''

یہ سن کر یونس بہت حیران ہوا۔ وہ بے ہوش ہو کر گر پڑا۔ کچھ ہی دیر بعد اسے ہوش آیا۔ اس دوران اس کا کلہاڑا اور رسّی غائب تھے۔ وہ خالی ہاتھ لیے درگاہ پر واپس نہیں لوٹنا چاہتا تھا۔ وہ ادھر ادھر بھاگنے لگا۔ خشک ٹہنیوں کو اکٹھا کرنے لگا۔ ان لکڑیوں کو باندھنے کے لیے وہ کوئی رسّی نما چیز ڈھونڈنے لگا۔ رسّی نما چیز کو تلاش کر کے لکڑیوں کو باندھا اور اپنی پشت پر لادا۔

یوں وہ سوچتا سوچتا درگاہ پر پہنچ گیا۔ درگاہ پر پہنچتے ہی وہ یہ دیکھ کر حیران رہ گیا کہ جس چیز سے اس نے لکڑیاں باندھی تھیں، وہ ایک سانپ تھا۔ وہ درخت جسے وہ کاٹ نہیں سکا تھا وہ خشک لکڑیاں بن کر درگاہ کے صحن میں اس کے سامنے تھا۔ عین اسی لمحے یونس کو محسوس ہوا کہ وہ روحانیت کی بلندیوں پر پہنچ چکا ہے۔ یونس سوچنے لگا۔

اشعار کا ترجمہ:

''مجھے حق کا پتا مل چکا ہے۔ مجھے اب کسی کا کوئی خوف نہیں ہے۔ میں ایک بندہ تھا اور مجھے میرے مرشد نے سلطان بنا دیا ہے۔''

طاپتوک ایمرے کا غصہ

طاپتوک ایمرے یونس کی تمام حرکات وسکنات پر نظر رکھے ہوئے تھے۔ وہ یونس میں ہونے والی قدم بہ قدم تبدیلی، پختہ کاری، وفاداری اور منزل کی جانب سفر کو بغور دیکھ رہے تھے اور مشاہدہ کر رہے تھے۔

دوسری طرف یونس بڑے انہماک سے اپنے کام میں مصروف تھا اور درگاہ کی خدمت میں لگا ہوا تھا۔ وہ اپنے فرائض کو سرانجام دینے کی کوشش میں ہمہ تن مصروف تھا۔

یونہی ایک دن جب کہ یونس اپنے کام میں مصروف تھا تو طاپتوک ایمرے اس سے سخت ناراض ہو گئے۔ وہ اس قدر غصے میں تھے کہ یونس کو گھسیٹتے گھسیٹتے درگاہ کے دروازے تک لے گئے۔ ان کی نیت یونس کو درگاہ سے باہر نکالنے کی تھی۔ شاید یہ یونس کے لیے بڑا امتحان تھا جس سے طاپتوک ایمرے انہیں گزارنا چاہتے تھے۔

طاپتوک ایمرے نے پوری طاقت سے یونس کو درگاہ کے دروازے تک دھکیل دیا تھا۔ تاہم اس کے باوجود انہیں دروازے سے باہر نہ نکال سکے۔ طاپتوک ایمرے نے بڑی کوشش کی کہ انہیں باہر نکال دے لیکن جب اس کے پاؤں باہر نکلے تو سر اندر رہ گیا اور وہ باہر نہ نکل سکا۔

یونس نے کہا:

"اللہ کا شکر ہے کہ سر اندر رہ گیا۔"

یہ کہہ کر یونس اپنے ہوش وحواس کھو بیٹھا اور چیخنا چلّانا شروع کر دیا۔

اس واقعے اور صورت حال کا طاپتوک ایمرے پر بہت اثر ہوا۔ یونس اپنے امتحان میں کام یاب ہو گیا تھا۔ وہ روحانی طور پر ایک درجہ مزید بلندی حاصل کر چکا تھا۔

یونس کا صبر و تحمل، وفاداری اور الفاظ کا مرشد پر گہرا اثر ہوا اور مرشد کے ہاں اس کی عزت و مرتبہ مزید بڑھ گیا۔ یونس کو جب ہوش آیا تو اس نے مرشد کے جبے کا بوسہ لیا اور کہا:

اگر میری عمر ہزار سال بھی ہوتی تو
میں اسے اس در پر گزار دیتا
میں ایک سچا عاشق ہوں

چاہے اسی راہ پہ مجھے موت ہی کیوں نہ آ جائے میں یہاں اپنی جان وار دیتا۔

یوں ماہ و سال گزرتے گئے۔ یونس کا عشق پختہ ہوتا گیا اور اس کی روح میں عشق گھل مل گیا۔ عشق نے اسے ہر طرف سے گھیر لیا۔ عشق الٰہی اس کے تن بدن میں رچ بس گیا۔ وہ ہر کام کو عشق میں ڈوب کر کرتا۔ ہر چیز کو عشق کی نظر سے دیکھتا اور ان کا ہر لفظ، کلمہ اور جملہ عشق سے بھرپور ہوتا۔

اب یونس اپنے آپ کو بھول کر عشق میں غوطہ زن ہو چکا تھا۔ اس کے اشعار اس کی دلی کیفیات کے عکاس تھے۔

اشعار کا ترجمہ

اے بھائی آؤ اگر تمہیں حق تعالیٰ کی تلاش ہے تو
یہ ایک کامل مرشد کے بغیر ممکن نہیں ہے
اگر تجھے جمال رسول کی تمنا ہے تو
یہ ایک کامل مرشد کے بغیر ممکن نہیں ہے

ہزاروں لوگ مرشد کی تلاش میں نکلے
متلاشیوں کو اپنے درد کا مداوا مل گیا

ہزار کاوشوں کے بغیر کوئی بھی چیز
ایک کامل مرشد کے بغیر ممکن نہیں ہے

اے دوست، اے بھائی آؤ عشق ڈھونڈنے نکلیں
جبرائیل بھی آپؐ کا عاشق ہے
یہ ایک کامل مرشد کے بغیر ممکن نہیں ہے

قاضی، مُلّاں سب مل کر آئے
انہوں نے سب کتابیں کھنگال لیں
انہوں نے پوچھا کہ یہ علم تم نے کس سے لیا ہے
(میں نے کہا) یہ ایک کامل مرشد کے بغیر ممکن نہیں ہے

یونس نے ایک معنی خیز بات کہی
تمہارے اندر ہی ایک کامل مرشد موجود ہے
جیسے حضرت موسیٰؑ کے لیے خضر علیہ السلام
یہ ایک کامل مرشد کے بغیر ممکن نہیں ہے

یوں یونس نے علم وعرفان، حکمت اور روحانیت طاپتوک ایمرے سے سیکھی اور اس کے بتائے ہوئے راستے پر چل پڑا۔ وہ درویشوں کو اپنے اشعار میں تاکید فرماتے ہیں:

جسے درویشی کی ضرورت ہو
اسے چاہیے کہ
زہر[39] کو شربت عشق سمجھ کر
ہاتھ میں لے کر پی جائے[40]

39: آہو: زہر 40: نوش اتمک: پینا (نوش کرنا)

درویشی کے لیے مرشد[41] کی تربیت کی ضروت ہے
درویشی کے لیے مرشد کی صحبت کی ضرورت ہے
درویشی کے لیے مرشد جو کہے
اس پر خاموشی سے عملدر آمد کی ضرورت ہے

درویشی کے لیے صبر و قناعت کی ضرورت ہے
درویشی کے لیے تحمل و برداشت کی ضرورت ہے
درویشی کے لیے اپنے آپ کو بھول کر
مرشد کی طرف متوجہ ہونے کی ضرورت ہے

درویشی کے لیے دنیا داری سے منہ موڑ لے
اپنے ہاتھ سے جَو کی فصل بو
پھر اس کی آبیاری کر
اسے سورج کی تپش کی بھی ضرورت ہے

یہ درویشی اتنی آسان نہیں ہے
اس راستے میں اپنے نفس کو بھولنا پڑتا ہے
روزے رکھنے پڑتے ہیں، بھوکا رہنا پڑتا ہے
سہ روزہ کو یک روزہ کرنا پڑتا ہے

درویشی کی خواہش ایسی ہی ہے
خواہشات کو ختم کرنا پڑتا ہے

41: مربیّ: مرشد

گالیاں سننی پڑتی ہیں
قہر پر صبر کرنا پڑتا ہے

درویشی کے لیے دنیا کی صحبت چھوڑ دے
لوگوں کی باتوں اور دھوکے میں مت آ
تجھے صرف مرشد کے دیدار کی ضرورت ہے
تجھے اسی چہرۂ حق کی ضرورت ہے

یونس کو جو کچھ کہنا ہے اسے کہنے دے
وہ جو کہتا ہے یہ اہم نہیں ہے
کوئی بھی درویشی کی بات کرے
تو درویشی کے لیے ان ہی صفات کی ضرورت ہے

یونس اب درویشی کی راہوں پر رواں دواں تھا۔ اس کا مرشد طاپتوک ایمرے بھی اس کے حال پر خوش تھا۔ تاہم اس کے روحانی درجات کی بلندی اور مرشد کے التفات اور توجہ کی وجہ سے بہت سے لوگ اس کے دشمن بھی بن گئے تھے۔ دوستوں سے زیادہ دشمن بنتے جا رہے تھے۔ یونس سے نفرت کرنے والوں نے اس پر طرح طرح کے الزامات اور افترا عیں لگانا شروع کر دیئے۔ انہوں نے یونس پر طاپتوک ایمرے کی بیٹی پر ڈورے ڈالنے اور اس سے عشق کرنے کا الزام لگانا شروع کر دیا۔

طاپتوک ایمرے کی ایک خوبرو بیٹی تھی۔ اس کی آواز بڑی خوب صورت تھی۔ اس کا چہرہ چاند جیسا اور غزالی آنکھیں تھیں۔ اس کا اخلاق اور رویہ اس کے حسن کی طرح خوب صورت تھا۔ کہا جاتا تھا کہ جب وہ قرآن کی تلاوت کرتی تو اتنی خوش الحانی سے کرتی کہ سب رک کر اس کی تلاوت سنتے۔ چرند پرند، انسان اور حیوان سب اس کی خوش الحانی سے متاثر تھے۔ حتیٰ

کہ کہا جاتا ہے کہ بہتا پانی بھی رک جاتا اور اس کی تلاوت سنتا۔ لوگوں نے اس نیک پاک لڑکی پر الزامات لگانا شروع کر دیئے۔ یونس پر افتراعوں کی بوچھاڑ کر دی تا کہ اسے اس کے مرشد طاپتوک ایمرے کی نظروں سے گرایا جائے اور دونوں کے تعلقات خراب کیے جائیں۔ یہ افواہیں آہستہ آہستہ ادھر ادھر پھیلنا شروع ہو گئیں۔

یہ افواہیں پھیلتی پھیلتی طاپتوک ایمرے تک بھی پہنچ گئیں۔

طاپتوک ایمرے ان افواہوں پر یقین نہیں کرنا چاہتے تھے۔ تاہم افواہوں کا یہ سلسلہ تھمنے کا نام نہیں لے رہا تھا، جب کہ یونس کو اس کا کوئی علم نہیں تھا۔ ان افواہوں کو ثابت بھی نہیں کیا جا سکتا تھا۔ طاپتوک ایمرے کو بھی اس بات کا علم تھا کہ یہ سب افتراعیں ہیں۔ طاپتوک ایمرے نے بیٹی کی رضا اور اپنی خواہش پر یونس کا نکاح اپنی بیٹی سے کر دیا۔

یہ سچ تھا کہ یونس عاشق تھا۔ اسے عشق ضرور تھا، تاہم اس کے عشق کا مرتبہ بہت بلند تھا۔ وہ عشق الٰہی سے سرشار تھا۔ اس کی نظر میں دنیا کی کوئی اہمیت نہیں تھی۔ اس کی نظر دنیا اور اس کی نعمتوں پر نہیں تھی۔ یونس نے اپنے ہاتھ بلند کیے اور اللہ تعالیٰ سے دعا کی:

اشعار کا ترجمہ

اے الٰہی مجھے عشق عطا کر
میں مست ہوں اور مجھے نہیں معلوم
مجھے اپنے آپ میں مست کر دے[42]
مجھے میری منزلِ عشق عطا کر

مجھے اس قدر ورطۂ حیرت میں گم کر
مجھے زمانے کا کچھ نہ ہو معلوم

42: یاوکلمق: مست کر دینا (گم کرنا، مست ہونا)

مجھے سدا اپنی چاہت عطا کر
مجھ سے اپنی خدمت کرا، وحدت الوجود عطا کر

مجھ سے میں چھین کر
تو ہی اندر سما جا
مجھے اس دنیا سے بے رغبت کر
فنا کر کے صرف اپنا عشق عطا کر

مجھے اپنی خوشبو عطا کر
ترکِ دنیا عطا کر
مجھے تیرے سوا ہرگز[43] کچھ نہیں چاہیے
مجھے یہاں[44] اپنے سوا کچھ نہ عطا کر

مجھے عشق کی آتش[45] عطا کر
مجھے اپنے شانہ بہ شانہ رکھ
میرے دل و جگر خون و خون ہیں
مجھے عشق کی آہ زاری[46] عطا کر

مجھے اپنا ساتھ عطا کر
بلبل بن کر تیرے ہی نغمے گاؤں

43: ہرگز: بالکل بھی نہیں 44: کاندا: یہاں 45: اود: آتش (آگ) 46: زاری کلمک: آہ وزاری کرنا (رونا)

مجھے دوست کے باغ میں چہکنے دے
مجھے دھندنہ[47] اور پھولوں کی سی تازگی عطا کر

میرا حال تو ہی جانتا ہے
کوئی مجھ پر ہنستا ہے تو کوئی کچھ کہتا ہے
مجھے اپنے دردِ عشق سے جلا کر رکھ دے
مجھے زبانِ عشق عطا کر

میرے درد کا درمان تیرا عشق ہے
میری جان بھی راہِ عشق پر فدا ہے
یونس ایمرے کہتا[48] ہے
مجھے عشق عطا کیے فنا نہ کر، مجھے ہر دم[49] عشق عطا کر

اب یونس راہ عشق کا راہی بن گیا تھا۔ اسے دنیا کی طلب ختم ہوگئی تھی۔ اب وہ روحانیت کے سفر پر روانہ تھا۔ طاپتوک ایمرے کو بھی اس بات کا بخوبی علم تھا۔ تاہم اب بھی لوگ یونس پر افتراعیں اور الزامات لگا رہے تھے۔ ان لوگوں کی باتوں پر یونس زیادہ کان نہ دھرتا اور صرف اللہ تعالیٰ سے لو لگانے میں مصروف رہتا۔

میں راہِ حق[50] کا راہی ہوں، راہِ حق کا راہی ہوں
میں تیرے عشق کا پروانہ ہوں
گنہ گار ہوں میری خطائیں معاف فرما[51]
اے رحمتوں کے شہنشاہ

47: آچلوبن: دھندنہ (کھلنا، مدہم نہ پڑنا) 48: ائیدور: کہنا (بولنا) 49: دم: (زمانہ، ہر وقت)
50: چلاپ: حق تعالیٰ 51: یادلی گاگل: خطائیں معاف کرنا (گنہگار کو معاف کرنا)

اے غنی[52] اے میرے ؟

میرے درد و غم کا علاج تیرے پاس ہے

مجھے ہرگز[53] اپنی رحمت و کرم سے محروم نہ رکھ

میں عاشق ہوں اور مجھے عشق کی آگ[54] میں جلا کر راکھ کر دے

مخلوق تیری ہے اور تو خالق ہے

ہم گناہوں سے بھرے ہوئے ہیں

تو انہیں جنت[55] عطا کر

اور پل صراط پر براق[56] کی سواری عطا کر

تو نہ غریبوں اور نہ امیروں[57] کا ہے بلکہ سب کا ہے

تو نہ مکان اور نہ محلوں میں ہے بلکہ ہر جگہ موجود ہے

تیرا مقام تو ہم مسکینوں کے دلوں میں ہے

تو مجھ میں رچ بس گیا ہے

نہ میرے پاس علم ہے اور نہ فرمانبرداری

نہ مجھ میں قوت و طاقت ہے

میرے پاس صرف تیری عنایت و عطا ہے

تو میرے سیاہ چہرے کو روشنی عطا کر

52: غنی: امیر 53: زنہار: ہرگز 54: اود: آگ (آتش) 55: اوچ مک: جنت 56: براق: آسمانی گھوڑا 57: بےلرداسن: امراء میں سے

یونس تیرے عشق کے زخم کھائے ہوئے ہے
تو اپنے اس گنہ گار بندے کو
اگر تو اس کے دکھوں کا مداوا نہیں کرے گا
تو اس کے غم بڑھتے ہی جائیں گے اور زیادہ [58] ہو جائیں گے

یونس نے اپنے اوپر الزام تراشی کرنے والوں کو معاف کر دیا تھا۔ دراصل اسے کسی سے کچھ لینا دینا نہیں تھا۔ اس نے اپنی تمام عمر راہِ حق کے لیے وقف کر دی تھی۔ وہ اپنے بارے میں الزام تراشیاں کرنے والوں کے بارے میں یوں کہتے ہیں:

اے میرے دشمن
حق تعالیٰ تجھے اپنا دوست بنائے
تو جہاں کہیں بھی جائے
وہ جگہ تیرے لیے باغ و بہار ہو

اے مجھے آہ و فغاں دینے والے
تو شاد و آباد رہے
تیرے سارے کام آسان ہوں
اللہ تیرے کام میں برکت دے

میرے راستے میں کنوئیں کھودنے والے
اللہ تجھے تخت پر بٹھائے، بلندی [59] عطا فرمائے

58: کے کاتی: اورزیادہ 59: آئیدرمک: بلند

اے مجھ پر پتھر پھینکنے والے
تجھ پر پھول نثار[60] ہوں

اے مجھے دکھ درد دینے والے
اللہ تجھے اس دنیا میں خوشیاں عطا کرے
اے میری موت کے طلب گار
اللہ تجھے ہزار سال عمر عطا کرے

اے مجھے حقیر[61] جاننے والے
اے مجھے دشمن کے ہاتھوں میں ذلیل دیکھنے والے، رلانے[62] والے
تو اپنے دوستوں میں شاد و آباد رہے
تو دشمنوں[63] میں سرخرو رہے، کامیاب رہے

اس دنیا میں یونس مسکین کو
ہنستا مسکراتا نہ دیکھنے والوں کو
رلانے کی خواہش کرنے والوں کو
اسے میری آنکھوں کی بہار و تر و تازگی عطا کر

یونس کسی مجازی عشق کا طلب گار نہیں تھا۔ وہ ایک حقیقی عاشق خداوندی تھا۔ اس لیے وہ دشمنوں کے لیے بھی دعا گو تھا۔ ان کا خیر خواہ تھا۔

شاید یہی وجہ تھی کہ یونس کچھ عرصے تک اپنے شیخ کے وصال کا طلب گار تھا۔ یونس کا

60: نثار اولمک: نثار ہونا 61: حار اولمک: حقیر جاننا 62: زاد اولمک: رُلانا 63: اغیار: دشمن، پرایا

مرشد طاپتوک ایمرے یونس کے حال سے واقف تھا۔ وہ یونس پر الزامات کی حقیقت سے واقف تھا۔ ان آزمائشوں کی وجہ سے وہ اپنے مرشدوں کی نظروں میں سربلند ہو گیا۔

پھولوں کا موسم

سردیوں کا موسم ختم ہوا تو موسم بہار شروع ہو چکا تھا۔ بلبل باغ میں پھولوں کو دیکھ کر خوشی کے شادیانے بجانے لگی۔ ہر طرف سبزہ ہی سبزہ اور پھول کھل اٹھے تھے۔ پہاڑوں کے دامن میں رنگ برنگے پھول کھلے تھے۔ نرگس، سنبل، منکشہ، لالہ، گلاب جیسے پھولوں سے ماحول گل وگلستاں بن چکا تھا۔ تتلیاں ان پھولوں پر اڑتی پھر رہی تھیں۔ بلبلیں طرح طرح کے گیت گا رہی تھیں۔ شہد کی مکھیاں پھولوں کا رس چوس کر اپنے چھتوں کی طرف آ جا رہی تھیں۔ بطخیں[64] جھیلوں میں تیر رہی تھیں۔ درختوں پر نئے پتے اور کونپلیں پھوٹ چکی تھیں۔ یہ کونپلیں مستقبل کے پھلوں کی نوید سنا رہی تھیں۔

طاپتوک ایمرے نے اپنے درویشوں کو اپنے پاس بلوایا اور کہا:

''پھولوں کا موسم ہے۔ جاؤ اور پھول اکٹھے کر کے لاؤ۔ پہاڑوں، درّوں اور وادیوں کی طرف نکل جاؤ۔''

یونس دیگر درویشوں کے ساتھ پھول اکٹھے کرنے نکل گیا۔ وہ اپنے مرشد کے لیے سب سے خوب صورت اور خوشبو دار پھول اکٹھے کرنا چاہتا تھا۔ رنگ برنگے پھولوں کو دیکھ کر یونس کا دل مچل اٹھا اور وہ یوں بول اٹھا:

لو پھر بہار کے دن آئے
لو پھر بہار کے دن آئے اے میرے بلبل گا
اے سب سجے سجائے[65] پھولوں سب مل کر گاؤ
گا اے میرے بلبل گا

64: سونا: بطخ 65: زین اولمک: سجانا (آرائش وزیبائش)

سردی ختم ہوئی اور بہار کے دن آئے
اپنے آپ کو غفلت سے جگاؤ
ہر قریہ گاؤں جنت میں تبدیل ہو چکا ہے
گا اے میرے بلبل گا

اے پھولوں اور بلبل تم ایک عاشق کے ساتھ جھومو، جوش و خروش[66] میں آؤ
اپنے دلوں سے غموں کو مٹا دو
تم سب گل و گلزار[67] بن جاؤ
گا اے میرے بلبل گا

خشک کانٹوں کے بعد پھول کھل گئے
حسرت و غم مٹ گئے
دکھ درد ختم ہو گئے
گا اے میرے بلبل گا

اے بلبل تو پھولوں کی عاشق ہے
تم عاشقوں کا حال جانتی ہو
ان پھولوں سے عشق کرو
گا اے میرے بلبل گا

قدرت کا خزانہ کھل گیا ہے
پورے عالم میں رحمت پھیل گئی ہے

66: جوش: جوش و خروش   67: باغ: گلزار

گلوں نے جیسے جنت کا لباس[68] پہن لیا ہو
گا اے میرے بلبل گا

مجھے یہ سب کچھ دیکھ کر اپنے شیخ و مرشد یاد آتے ہیں
میرے تن بدن میں مرشد کی چاہت جاگ اٹھی ہے
میں مرشد کے بغیر بے زار ہوں
گا اے میرے بلبل گا

اگر میرے پَر ہوتے تو میں اڑتا
ہر جگہ جھپٹتا، پلٹتا پھرتا
دریاؤں اور سمندروں کے پار جاتا
گا اے میرے بلبل گا

میں اپنے مرشد سے دور ہوں
میں آپ کا دیوانہ ہوں
کہتے ہیں زمانے نے مجھے ایسا بنا دیا ہے
گا اے میرے بلبل گا

اے بلبل کہیں تمہاری عمر ایسے ہی نہ گزر جائے
اور تو اس گل و گلزار میں گاتے گاتے اندھا ہو جائے
اے یونس کے مونس و یار
گا اے میرے بلبل گا

68: خلعہ دونلر: جنت کا لباس

یونس یوں بلبل کے ساتھ محوِ گفتگو رہا اور دوسرے درویش درّوں، پہاڑوں کے دامن اور جھیل کے کنارے پر خوب صورت پھل چنتے رہے اور اپنے شیخ کے لیے اکٹھے کرتے رہے۔ تاہم یونس ایک پھول بھی نہ چن سکا۔

یونس جس پھول کے پاس بھی جاتا تو پاتا تو پھول کو گردن جھکائے ذکرِ الٰہی میں مشغول پاتا یا اپنا چہرہ سورج کی طرف کر کے کانپتے کانپتے یادِ الٰہی میں مصروف پاتا۔ کچھ پھول تسبیح اور حمد و ثناء بیان کر رہے تھے۔

یونس ایک زرد پھول کے پاس گیا اور اسے ذکرِ الٰہی میں مصروف پایا تو یونس کہنے لگا:

میں نے زرد پھول سے استفسار کیا
تم پیلے پیلے کیوں نظر آ رہے ہو؟
پھول نے کہا[69] اے درویش
میری آہ و غم نے پہاڑوں کو بھی پگھلا دیا ہے

میں نے پھول سے دوبارہ پوچھا
کیا تمہارے ہاں موت ہے؟
پھول نے کہا اے درویش
کیا کوئی ایسا بھی ہے جسے موت نہیں ہے

میں نے پھول سے پھر استفسار کیا
تم سردی میں کیا کرتے ہو؟
پھول نے کہا اے درویش
ہم سردیوں میں مٹی[70] ہو جاتے ہیں

69: آئیدور: کہنا، بولنا 70: تراب: مٹی

میں نے پھول سے پھر استفسار کیا
کیا تم اڑ سکتے ہو؟
پھول نے کہا اے درویش
اُڑنا پرندوں کا کام ہے

میں نے پھول سے پھر استفسار کیا
تم رنگوں کو کہاں[71] سے لیتے ہو؟
پھول نے کہا اے درویش
یہ اللہ کا نور ہے

میں نے پھول سے دوبارہ استفسار کیا
تمہاری گردن کیوں جھکی ہوئی ہے؟
پھول نے کہا اے درویش
میرا دل حق تعالیٰ کے عشق میں جھکا ہوا ہے

میں نے دوبارہ پھول سے استفسار کیا
کیا تمہارے ماں باپ ہیں
پھول نے کہا اے درویش
یہ بہت ہی عجیب سوال ہے

میں نے پھول سے دوبارہ استفسار کیا
کیا تم نے کعبہ دیکھا ہے؟

71: کاندان: کہاں سے

پھول نے کہا اے درویش
کعبہ اللہ تعالیٰ کا گھر ہے

میں نے پھول سے پھر استفسار کیا
کیا تم یونس کو جانتے ہو؟
پھول نے کہا اے درویش
یونس ہمارا دوست ہے

یونس پہاڑوں، درّوں اور وادیوں میں گھوما پھرا۔ باغوں اور چمن میں گھومتا رہا لیکن اس نے ایک بھی پھول کو نہ چھوا۔ وہ پھولوں کو ذکر الٰہی میں مشغول دیکھ کر مست ہو گیا۔ جب واپس درگاہ کی طرف جانے کا وقت ہوا تو یونس عین اسی وقت ایک پھول کے پاس گیا۔ اس نے محسوس کیا کہ وہ پھول آہ و بکا کر رہا ہے۔ یونس وہاں رک گیا اور کان لگا کر اس کی آہ و بکا سننے لگا۔ وہ پھول زار و قطار رو رہا تھا۔ یونس آہستہ سے پھول کی طرف جھکا۔ پھول کہہ رہا تھا۔ ''اے یونس! آؤ اور مجھے شاخ سے توڑ لو کیونکہ میں اس قابل نہیں ہوں کہ شان و شوکت کے ساتھ رہوں۔ سارے پھول یاد الٰہی اور ذکر خدا میں مشغول تھے اور میں غفلت میں ڈوبا ہوا تھا۔ میں غافل ہوں۔ مجھے شاخ سے توڑ لو اور اپنے مرشد کے لیے لے جاؤ۔''

یونس یہ سن کر حیران رہ گیا۔ اس کے لبوں پر یہ مصرعے تھے:

اے مردِ عاشق اپنی آنکھیں کھولو
کائنات پر اپنی نظریں دوڑاؤ
ان نرم و نازک پھولوں کو دیکھو
وہ اپنے خالق کی حمد و ثناء بیان کر رہے ہیں

اے بے زبان پھول
اپنے خالق کا ذکر کر رہے ہیں
تم ان کی طرف متوجہ ہو
اور دیکھو کہ یہ کہاں[72] کا عزمِ سفر رکھتے ہیں؟

ہر پھول ہزار ناز و نعم سے
اپنی اپنی زبان میں نذرانۂ عقیدت پیش کر رہے ہیں
اور یہ پرندے اپنی خوش کن آواز میں
اس شہنشاہِ کائنات کا ذکر کر رہے ہیں

یہ سب قادرِ مطلق کی تعریف و ثناء بیان کر رہے ہیں
سب اپنی اپنی زبان میں ذکرِ الٰہی میں مشغول ہیں
وہ یوں ذکر کرتے کرتے
اپنی عمر تمام کرتے ہیں

دن بہ دن ان پھولوں کا رنگ بدلتا جاتا ہے
آخرکار سب مٹی میں مٹی ہو جاتے ہیں
سمجھنے والے کے لیے اس میں عبرت ہے
اس کو صرف عارف ہی سمجھ سکتے ہیں

نہ ہی علم علم کی منزل ہے
نہ ہی مسکراہٹ تبسم کی منزل ہے

72: کانجارو: کہاں

آخری منزل[73] تو موت ہے
ایک عاشق کا یہی پیغام ہے

آؤ اور اس راز کو سمجھنے کی کوشش کرو
اس غم کو سمجھنے کی کوشش کرو
سب کچھ یہیں رہ جانا ہے
یہ سب وزن[74] تم سے اتار لیا جائے گا

یونس تم ان الفاظ کو چھوڑو[75]
اپنے آپ میں آؤ، اپنی ہستی کو مٹا دو[76]
سب خیر و شر حق تعالیٰ کی طرف سے واقع ہوتی ہے
یہ سب سمجھ لو

یونس نے ان مصرعوں کے بعد اپنے آپ کو اس پھول کی طرف جھکایا اور اسے شاخ سے توڑ لیا۔ دوسرے درویشوں کے پاس طرح طرح کے خوشبو دار پھول تھے اور یونس کے ہاتھ میں صرف ایک عام سا پھول۔ یہ منظر دیکھ کر دوسرے درویش اس کا مذاق اڑانے لگے۔ تاہم یونس نے ان پر کوئی دھیان نہ دیا۔

دوسرے درویشوں کے ٹھٹھے، مذاق کو دیکھتے ہوئے یونس اپنے آپ سے یوں مخاطب ہوا:

درویشی کوئی خرقہ یا تاج نہیں ہے
درویشی ایسی چیز نہیں ہے

73: منزل: منزل 74: بار: وزن 75: کوگل: چھوڑنا 76: یوگل: مٹانا (صاف کرنا)

اپنا دل درویشی کی طرف لگانے والے کو
خرقہ و تاج کی کوئی ضرورت نہیں ہوتی ہے

اس خرقہ و خلعت کا کیا قصور ہے؟
صرف اس خرقہ و خلعت کے ساتھ منزل نہیں پا سکتے
آپ اپنے راستے پر رواں دواں رہیں
تُو حیلہ باز[77] نہ بن اور اپنے راستے پر چلتا رہ

تُو اپنے شیخ کے راستے پر رواں دواں رہے
چاہے تُو اس راہ پر اکیلا ہی کیوں نہ رہ جائے
ایک دن تُو منزل پر پہنچ ہی جائے گا
تُو اپنے شیخ کے راستے پر رواں دواں رہے

تُو کہیں مت رک اپنا سفر جاری رکھ
اے یونس ایمرے اپنا سفر جاری رکھ
تُو ایک دن اپنی منزل پا لے گا
کوئی بے راہرو تیرا ہمسفر نہیں ہو سکتا

جب سب درگاہ پر اپنے شیخ کے حضور حاضر ہوئے تو شیخ نے یونس کی طرف دیکھا۔ وہ یونس کے مرتبے اور مقام کو سمجھ گیا تھا۔ یونس اپنے مقام و مرتبے[78] پر پہنچ کر بلندی حاصل کر چکا تھا۔ اس کی تصدیق بھی ہو چکی تھی۔ یونس نے اپنے مرشد کی آنکھوں میں خوشی اور مسرت کو

77: کل ماچ: حیلے باز   78: مرتبہ: درجہ

دیکھ کر یہ مصرعے کہے:

اے دوستو!

عاشق ایک سورج کی طرح ہوتا ہے
جس دل میں عشق نہیں ہوتا
وہ ایک پتھر کی مانند ہوتا ہے

پتھر دل کا کیا ہے
پتھر دل کی زبان بھی پتھر ہی ہوتی ہے
وہ جو بھی زبان سے نرم و نازک لفظ نکالے گا
اس کے الفاظ جنگ و جدل کو ہی جنم دیں گے

جبکہ ایک عاشق کا دل موم کی مانند ہوتا ہے
وہ سب کو نرم و نازک کر دیتا ہے
وہ پتھر دلوں کو بھی نرم و نازک کر دیتا ہے
سب کو اپنا دیوانہ بنا لیتا ہے

اے یونس تو ہمیشہ اپنے سلطان (مرشد) کے در پر پڑا رہے
حضرت طاپتوک کے در پر پڑا رہے
یہ در عاشقوں کا در اور مرکز ہے
یہاں ہر وقت عاشقوں کا جمگھٹا رہتا ہے

اے یونس تو اندیشوں میں نہ پڑ
اگر ضرورت پڑے تو اس جنگل[79] سے
ایک مردِ عشق کی طرح
اور درویشوں کی طرح نکل جا

79: بیشا: جنگل

یونس صوفیاء کی مجلس میں

وقت یوں ہی گزر رہا تھا۔ کئی مہینے، سال اور موسم گزر گئے تھے۔ ایک روز طاپتوک ایمرے نے اناطولیہ کے صوفیاء، اولیاء اور بزرگوں کو اپنے ہاں دعوت دی۔

اناطولیہ کے کونے کونے سے اولیاء اور درویش طاپتوک ایمرے کی درگاہ پر تشریف لائے اور مجالس منعقد ہوئیں۔ بحث و مباحثہ ہوا۔ سب نے ایک دوسرے کو اچھی اچھی باتیں بتائیں۔ یہ ان دنوں کی روایت تھی۔ اناطولیہ کے اطراف میں ایسی مجالس اور دعوتیں عام تھیں۔

اس مجلس میں طاپتوک ایمرے نے خوش الحان اور خوش آواز مرید یونس کو بھی دعوت دی اور کہا:

''اے خوش الحان یونس! 80 ترنم سے کچھ پڑھو 81 اور ہمارے دل کو شاد 82 کرو۔''

شاید اسی میں کوئی حکمت تھی کہ اس آواز کو یونس نہ سن سکا اور خاموش رہا۔ طاپتوک ایمرے نے دوبارہ آواز دی:

''اے خوش الحان یونس! خاموش کیوں ہو؟''

تاہم یونس خاموش رہا۔ وہ یونس کو ''ہمارے یونس'' کہتے تھے۔ جب یونس ایمرے کی طرف سے کوئی آواز نہ آئی تو طاپتوک ایمرے نے کہا:

''اے یونس اب صبر کے پھل کا وقت آن پہنچا ہے۔

حاجی بکتاش ولیؒ کے بھیجے ہوئے تالے کو کھولنے کا وقت آن پہنچا ہے۔ ہم نے اس تالے

80: یونس گوئیندہ: خوش الحان یونس 81: ترنم اتمک: ترنم سے کچھ پڑھنا (ترنم کے ساتھ گانا)

82: شاد اولمک: دل کو شاد کرنا، (دل خوش کرنا)

کو کھول دیا ہے۔ آپ کو اپنا نصیب مل چکا ہے۔ آپ روحانیت کے درجات پر فائز ہو چکے ہیں۔ چلو اب سناؤ اور بولو۔"

طاپتوک ایمرے نے یونس کو مژدہ سنا دیا تھا اور اس کا دل جیت لیا تھا۔ اس کی آنکھوں کے سامنے سے پردہ ہٹ چکا تھا۔ یونس نے اب بولنا شروع کیا۔ اس نے کہا:

الحمدللہ

الحمدللہ حق کی طرف سے نازل کردہ شربت کو
ہم نے نوش کیا الحمدللہ
قدرت کے ٹھاٹھیں مارتے ہوئے سمندر کو
ہم نے پار کر لیا الحمدللہ

طاقتور پہاڑوں، جنگلوں
اور باغات و ویرانوں کو
ہم نے خیر و عافیت سے
عبور کر لیا الحمدللہ

ہم خشک تھے سرسبز تھے
ہمیں پَر لگ گئے پرندے ہو گئے
ہم ایک دوسرے کے ساتھ مل گئے
اور قافلہ بن کر محو پرواز ہو گئے الحمدللہ

ہم جہاں بھی گئے
صاف شفاف دلوں کو

طاپتوک ایمرے کی تعلیمات کو پھیلایا
اور دلوں کو منور کیا الحمدللہ

آؤ صلح کر لیں
اجنبی[83] سے دوست بن جائیں
ہمارے گھوڑے تیار ہیں
اور اکٹھے محوِ سفر ہوں،[84] الحمدللہ

ہم دیارِ روم میں وارد ہوئے
بہت سے خیر و شر کے کام کیے
لیجیے[85] بہار لوٹ آئی
اور ہم بھی لوٹ آئے الحمدللہ

ہم آبشار[86] تھے چشمہ بن گئے
نالے تھے نہر بن گئے
اور پھر سمندر میں مل گئے
اور ایک ہو گئے الحمدللہ

طاپتوک ایمرے کی خدمت[87] میں
ہم بندۂ عاجز بن گئے

83: یاد: اجنبی 84 : ایشمک:(محوسفر ہونا) 85: اوش: لیجیے 86: دیرفیلی: راستہ، آبشار

87: تاپو: خدمت میں

یونس ایک مسکین تھا
پک کر تیار ہو گیا پختہ ہو گیا الحمدللہ

ان اشعار کے ذریعے ہمیں یہ بھی پتا چلتا ہے کہ اس دور میں درویش سفر و سیاحت کے ذریعے لوگوں کی راہنمائی کرتے تھے اور یونس ایمرے نے بھی اسی طرح بہت سفر کیے۔

یونس ایمرے کے بارے میں لکھنے والے زیادہ تر لوگوں نے ان کی تعریف و توصیف ہی کی ہے اور ان کی زندگی کے روشن پہلوؤں کو ہی اجاگر کیا ہے۔ تاہم وہ جس دور میں زندہ تھے وہ سلجوقوں کا دور تھا۔ وہ اس دور کی تمام ابتلاء و آزمائشوں سے گزرے اور مصائب و الم کو برداشت کیا۔

اب یونس ایمرے کا چلّہ مکمل ہو چکا تھا اور وہ ہدایت پا چکے تھے۔ اب ان کے منہ سے نکلا ہوا ہر لفظ موتی کے دانوں کی طرح تھا۔ وہ اپنے الفاظ کو تجربات کا جامہ پہنانے میں قدرت حاصل کر چکے تھے۔ جو بھی ان کے اشعار سنتا مست ہو جاتا۔ ان کے اشعار براہ راست دلوں کو متاثر کرنے لگے تھے۔ ان کے اشعار ان کے اعلیٰ مرتبے پر فائز ہونے کو ظاہر کرتے تھے اور اس کی تصدیق کرتے تھے۔

بہار کے آتے ہی یونس ایمرے کا دل مچل اٹھتا اور اس کی زبان پر اشعار چشموں کی طرح پھوٹنے لگتے:

حق تعالیٰ کی طرف سے مجھ پر نظرِ کرم ہو گئی
حق تعالیٰ کا در مجھ پر وا ہو گیا ہے
میں حق تعالیٰ کے خزانوں تک پہنچ گیا ہوں
وہاں میں نے موتی و جواہرات[88] کا انتخاب کیا ہے

88: در و گوہر: موتی و جواہرات

میرے سر پر حکمرانی کا تاج سجا دیا گیا
مجھے عشق کی صراحی و جام پیش کیا گیا
میں نے عشق کا جام پی لیا
میں نے عشق کی راہ کا انتخاب کیا ہے

عشق نے مجھے مدہوش[89] کر دیا ہے
میں خام تھا اس نے مجھے پختہ کر دیا ہے
میرے عقل و خرد کو تہہ و بالا کر دیا ہے
میں نے شر کو چھوڑ کر خیر کا انتخاب کیا ہے

میرا کام آسان ہو گیا ہے
عشق نے مجھے اندیشوں سے آزاد[90] کر دیا ہے
میں نے اپنے نفس[91] کو قابو کر لیا ہے
عشق نے مجھے پَر لگا کر اڑا دیا ہے

چلنے والوں نے منزل کو پا لیا
آخرکار وہ منزلِ مقصود پر پہنچ گئے
ہم نے اس عمرِ رواں سے معاہدہ[92] کر لیا ہے
ہم نے اپنے دل و دماغ[93] کو عشق کی طرف مائل کر لیا ہے

89:اسیر اتمک: مدہوش کرنا 90:آزاد: آزاد کرنا 91:نفس:نفس 92: قاویل: معاہدہ
93:گونل: دل و دماغ

اب[94] بے چارے یونس نے
اپنا جان و دل مرشد کے حوالے کر دیا ہے
میں نے سب کچھ اپنے مرشد طاپتوک کے حوالے کر دیا ہے
یوں مجھ پر چھپا راز[95] عیاں ہو گیا ہے

اولیاء اور بزرگوں کی اس محفل میں یونس کو سننے والے سب حیران رہ گئے۔ یونس اپنے شعروں میں عشقِ الٰہی، حقِ ہدایت[96] اور صراطِ مستقیم کے بارے میں ذکر کر رہا تھا۔ وہ حق کے رازوں سے پردہ اٹھا رہا تھا۔ اس کے منہ سے گویا موتی جھڑ رہے تھے۔ سننے والے آخرکار متوجہ ہو گئے۔ وہ یونس کے ایک ایک لفظ کو لکھ رہے تھے۔

حق تعالیٰ نے مجھے ایسا دل عطا کیا ہے
جیسا اس نے کسی کو نہیں عطا کیا ہے
کسی لمحے وہ شاد ہو[97] جاتا ہے
کسی لمحے نالۂ و فغاں[98] ہو جاتا ہے

میرا دل ایسا دل ہے جو کبھی سرد کبھی گرم
کبھی تنہا، کبھی مرجھایا ہوا سردیوں[99] کی طرح
کبھی مژدہ[100] سن کر مسرور ہو جاتا ہے
کبھی گلستاں اور کبھی بوستاں بن جاتا ہے

94: اوش: اب 95: راز: راز 96: ہدایت: ہدایت 97: شادی: شاد ہونا (خوش ہونا) 98: گریان: نالۂ و فغاں 99: ذمہری: سرد (ٹھنڈ) 100: بشارت: مژدہ (خوش خبری)

کبھی خاموش رہتا ہے
کوئی لفظ کہہ[101] نہیں پاتا
کبھی زبان سے موتی[102] بکھیر دیتا ہے
اور دردوں کا درماں بن جاتا ہے

کبھی عرش[103] پر جا بیٹھتا ہے
کبھی زمین کے پاتال[104] میں جا گرتا ہے
کبھی قطرہ[105] بن جاتا ہے
کبھی قلزم بن جاتا ہے

کبھی اس قدر جاہل بن جاتا ہے کہ
کسی کی کوئی نصیحت نہیں سنتا
کبھی حکمت سے بھر جاتا ہے
اور کبھی جالینوس[106] اور لقمان بن جاتا ہے

کبھی دیو اور پری بن جاتا ہے
اور ویرانوں میں ٹھکانا کر لیتا ہے
کبھی بلقیس[107] کے ساتھ اڑتا پھرتا ہے
اور سلطان انس و جاں بن جاتا ہے

101: شرح: بولنا، کہنا 102: دُر: موتی 103: عرش: عرش (آسمان) 104: تحت الثریٰ: پاتال (زمین کی تہہ) 105: قطرہ: قطرہ 106: جالینوس: جالینوس (یونانی حکیم) 107: بلقیس: ملکۂ بلقیس

کبھی مسجدوں میں جا کر سجدہ ریز ہو جاتا ہے
ہر جگہ سجدہ ریز ہو جاتا ہے
کبھی کلیسا[108] میں جا نکلتا ہے
انجیل پڑھتا ہے اور راہب[109] بن جاتا ہے

مرا یہ دل کبھی عیسیٰ[110] بن جاتا ہے
مُردوں کو زندہ کر دیتا ہے
کبھی یہی دل تکبر و غرور کا گھر بن جاتا ہے
اور فرعون اور ہامان بن جاتا ہے

کبھی یہ جبرائیل کے ساتھ مل جاتا ہے
اور ہر مجلس و محفل[111] میں رحمتیں بکھیرتا ہے
کبھی یہ گمراہ[112] ہو جاتا ہے
اور بے چارے مسکین[113] یونس کو حیران و پریشان کر دیتا ہے

اب یونس جوش اور وجد میں آ چکا تھا۔ اس کے منہ سے شعر موتیوں کی طرح جھڑ رہے تھے۔ وہ اس محفل کی جان بن گیا تھا اور اس کی زبان سے علم و عرفان اور حکمت کے پھول جھڑ رہے تھے۔

اے دوست میرے دل میں آ اور دیکھ کہ اس میں کیا کیا ہے
ان لوگوں کو کیا پتا کہ اس دل میں کیا ہے

108: دیر: کلیسا (چرچ) 109: رہبان: راہب 110: عیسیٰ: حضرت عیسیٰؑ 111: محفل: مجلس
112: گمراہ: گمراہ (گنہ گار) 113: مسکین: مسکین (غریب)

مجھ پر ہنسنے والوں کو کیا پتا کہ حق میرے ساتھ ہے
غافلوں کو کیا پتا کہ میں عاشقِ حق ہوں

عشق کی راہ دور اور منزل طویل ہے
اس سے گزر مشکل ہے اور یہ گہرے پانیوں کی طرح ہے

ہم نے عشق کے ساتھ اس راہ کا انتخاب کیا ہے
ہم نے اس راہ کو ترجیح دی ہے، پردیس کو ترجیح دی ہے

جو کوئی مرد[114] ہے تو میدان میں آئے
جس کے پاس ہنر ہے سامنے آئے

یونس تُو ایسے ہی کسی کو میدان میں مت للکار
اس میدانِ عشق میں بہت سے مردانِ عشق ہیں

یونس کو سن کر طاپتوک ایمرے وجد میں آ چکے تھے اور وہ کہتے جا رہے تھے:
''یونس گاؤ، پڑھو، کہتے جاؤ۔''
مرشد کہے اور مرید رکے یہ کیسے ہوسکتا ہے؟ دیکھئے یونس کیا کہتا ہے:

میں نے جانِ جان کو پا لیا
اب چاہے یہ جان و مال یغما ہو جائے
اب مجھے فائدہ[115] و نقصان کا ڈر نہیں رہا
اب چاہے میرا مال و متاع مالِ یغما ہو جائے

114: مردانہ: مرد کی طرح　　115: آسی: فائدہ

میں اب اپنے آپ میں نہیں رہا
میری آنکھوں کے سامنے سے حجاب[116] ہٹ چکا ہے
مجھے میرے دوست کا وصال نصیب ہو چکا ہے
اب مجھے کسی چیز کا شک و شبہ[117] نہیں رہا

مجھ میں مَیں ختم ہو چکی ہے
میں نے سبھی کو اپنا دوست بنا لیا ہے
اب میرے سب دوست بن گئے ہیں
اب چاہے میرا مقام و مرتبہ مال یغما ہو جائے

اب میرا تعلق[118] اپنے مرشد سے پختہ[119] ہو چکا ہے
میں اپنے دوست کے ساتھ ہوں
میں عاشق اور دیوانہ ہو چکا ہوں
اب چاہے میری فراست مال یغما ہو جائے

اب دوئی ختم ہو چکی ہے
ہم ایک ہو گئے ہیں
میں نے شرابِ درد کا جام نوش کر لیا ہے
اب چاہے درد مال یغما ہو جائے

116: حجاب: پردہ 117: گمان: شک وشبہ (وہم وگمان) 118: تعلق: تعلق
119: اوزوش مک: پختہ

میں نے اپنے مرشد کو پانے کے لیے طویل سفر کیا
میں نے اب مرشد کو پا لیا ہے
میرا ویران دل نور بن گیا ہے
اب چاہے پورا جہاں مال یغما ہو جائے

اب میں نے اپنی خواہشات[120] پر قابو پا لیا ہے
اب مجھے سرد و گرم سے کچھ غرض نہیں
میرے اندر گلستان و بوستان پیدا ہو چکے ہیں
اب چاہے یہ دنیا مال یغما ہو جائے

یونس یہ تیری کیا خوش الحانی ہے
جیسے تم نے شہد و شکر کھائے ہوں
میری زبان میں شیرینی پیدا ہو چکی ہے
اب چاہے یہ چھتہ مال یغما ہو جائے

مجلس میں موجود طاپتوک ایمرے اور دیگر ولی اللہ نے یونس کی پختگی اور راہ عشق میں بلند مرتبے کو پہچان لیا تھا۔ سب نے فیصلہ کیا کہ اسے حکمت اور علم و عرفان عطا کر دی جائے۔ اب یونس راہِ عشق کا راہبر بن چکا تھا۔ طاپتوک ایمرے نے اسے عرفان عطا کر دیا اور وظیفۂ خاص دے دیا۔ اب اسے اناطولیہ میں اپنے افکار کی روشنی پھیلانا تھی۔

اب اسے لوگوں کی تربیت اور راہنمائی کرنی تھی۔ اب اسے دوسری جگہ اپنے علم و عرفان اور حکمت کو پھیلانا تھا۔ اس زمانے کی یہی روایت تھی۔

120: سانچ: خواہش، آرزو

یونس ایمرے اپنے مرشد طاپتوک ایمرے کے حکم پر سفر پر روانہ ہوا۔ تاہم پردیس اور یہ سفر اس کے لیے آسان نہ تھا۔ اسے بہت سی پریشانیوں کا سامنا کرنا پڑا۔ اپنے مرشد سے ملاقات، وصال کی حسرت، والدہ اور اہل و عیال کی یاد نے اسے مغموم کر دیا تھا۔ اس کے باوجود وہ راہِ عشق پر رواں دواں رہا۔ اس کا دل تصوف کی طرف مائل تھا۔

محبوب پر میرا دل فدا ہو گیا
آ دیکھ تیرے عشق نے میرا کیا حال کر دیا ہے؟
میں اپنے آپ سے لڑ لڑ کر پاگل ہو گیا ہوں
آ دیکھ تیرے عشق نے میرا کیا حال کر دیا ہے؟

تُو اب بھی میرے ساتھ محوِ سفر ہے
میرا خون تیرے عشق سے رنگا ہوا ہے
میں تیرے عشق میں پاگل اور دیوانہ[121] ہو گیا ہوں
آ دیکھ تیرے عشق نے میرا کیا حال کر دیا ہے؟

میں طویل سفر پر محوِ سفر ہوں
میں تیرے راستے کی خاک بن گیا ہوں
میری آنکھوں سے اشک سبیلِ رواں کی طرح جاری ہیں
آ دیکھ تیرے عشق نے میرا کیا حال کر دیا ہے؟

میں بہتے پانی کی طرح[122] رواں دواں ہوں
میرے دل میں غموں کے پہاڑ ہیں

121: عقل: عقل وخرد سے عاری، دیوانہ
122: سولیان: بہتے پانی کی طرح

اور میں یار کی خاطر آہ و فغاں کر رہا ہوں
آ دیکھ تیرے عشق نے میرا کیا حال کر دیا ہے؟

یا مجھے اپنے ہاتھ سے بھٹکا دے
یا مجھے اپنا وصال عطا کر دے
میں بہت رویا ہوں اب مجھے ہنسا دے
آ دیکھ تیرے عشق نے میرا کیا حال کر دیا ہے؟

قریہ قریہ بھٹک رہا ہوں
سب سے اپنے مرشد کا پتا پوچھ رہا ہوں
بھلا پردیس کے دکھ کو کون سمجھ سکتا ہے؟
آ دیکھ تیرے عشق نے میرا کیا حال کر دیا ہے؟

میں مجنوں کی مانند چلا جا رہا ہوں
میں تجھے خوابوں میں ہی دیکھ سکتا ہوں
جاگتا ہوں تو مغموم[123] ہو جاتا ہوں
آ دیکھ تیرے عشق نے میرا کیا حال کر دیا ہے؟

بے چارہ مسکین یونس
اوپر سے نیچے تک زخمی ہے
وہ اپنے دوست سے دور ہے
آ دیکھ تیرے عشق نے میرا کیا حال کر دیا ہے؟

123: ملول: مغموم

یونس ایمرے نے سفرِ عشق میں بہت سخت چلہ کشی کی تھی۔ بہت سی منزلیں طے کیں۔ جنگلوں، پہاڑوں، میدانوں اور ویرانوں میں سفر کیا۔ ایسے ہی ایک سفر کے دوران یونس کہتا ہے:

عجب مقام پر آ پہنچا ہوں
میں اس قدر بے چارگی میں ہوں
میری آنکھیں سوج چکی ہیں، میں تجھے پکار رہا ہوں
میں اس قدر بے چارگی میں ہوں

میں نے روم و شام کا سفر کیا ہے
سب[124] قریے چھان مارے ہیں
جو چاہا نہ مل سکا
میں اس قدر بے چارگی میں ہوں

کوئی یوں پردیسی نہ بنے
یوں حسرتوں میں نہ جلے
یوں کوئی آوارہ نہ ہو
میں اس قدر بے چارگی میں ہوں

میری آنکھیں رو رہی ہیں اور دل تجھے پکار رہا ہے
مجھ غریب کی یہ حالت ہو گئی ہے
مگر میں تو آسمان کا ستارہ ہوں
میں اس قدر بے چارگی میں ہوں

124: قامو: سب

میں درد جدائی میں جل رہا ہوں
جلدی کر اور آ کہ میں مر ہی نہ جاؤں
جلد آ ایسا نہ ہو کہ تو میرا مزار[125] دیکھے
میں اس قدر بے چارگی میں ہوں

لوگ کہیں گے کہ کوئی غریب فقیر مر گیا ہے
انہیں بھی تین دن بعد میری خبر ملے گی
اور مجھے ٹھنڈے یخ پانی سے غسل دیں[126] گے
میں اس قدر بے چارگی میں ہوں

آہ! یونس بے چارہ
اس کو اپنے درد کا درماں نہیں مل پا رہا
اور وہ شہر شہر[127] گھوم رہا ہے
میں اس قدر بے چارگی میں ہوں

غریب درویش یونس ایک سے دوسرے گاؤں، شہر گھومتا رہا۔ ایک دن یونہی وہ گھومتے گھومتے چند درویشوں سے جا ملا۔ وہ درویش بھی اپنے مرشد کی ہدایت پر راہِ عشق میں نکلے ہوئے تھے۔ یونس ان درویشوں کا دوست بن گیا۔ اب سب نے مل کر گھومنا شروع کر دیا۔

وہ ہر روز دعا کرتے۔ ان ہی دعاؤں کی وجہ سے انہیں کھانا پینا نصیب ہوتا۔ اب دعا کی باری یونس کی تھی۔ وہ پریشان تھا کہ کھانا ملے گا یا نہیں۔

وہ بہت فکر مند تھا۔

125: سن: مزار   126: یوماق: غسل دینا (دھونا)   127: شار: شہر

اس نے کہا: ''اے رب! اے رازق مجھ پر عنایت و کرم کر۔ مجھے اپنے دوستوں کے سامنے شرمندہ مت کر، وہ دعا کرتے ہیں اور تُو کھانا بھیج دیتا ہے۔ مجھے اس وسیلے سے کھانا بھیج دے۔ میری مدد فرما۔ آج رات ہمارے دسترخوان پر پھر کھانا بھیج دے۔ تُو میری دعا قبول فرما۔''

خدا کا کرنا ایسا ہوا کہ اس رات دسترخوان بھرا ہوا تھا۔ حتیٰ کہ اگلے دن کے لیے بھی کھانا بچ گیا۔

یہ صورت حال دیکھ کر دوسرے درویش حیران رہ گئے۔ انہوں نے یونس ایمرے سے کہا: ''اے دوست! تو نے کیسی دعا کی ہے کہ ہمارا دسترخوان بھر گیا ہے۔ ہمیں بتاؤ کہ تُو نے کس کے وسیلے سے مانگا ہے؟''

یونس نے کہا: ''آپ جس کے وسیلے سے دعا کرتے ہیں، میں نے بھی اسی کے وسیلے سے مانگا ہے۔ اس لیے آپ پہلے بتایئے کہ آپ کیا دعا کرتے ہیں؟ کس کے وسیلے سے آپ کو کھانا ملتا ہے؟''

درویشوں نے کہا: ''ہم نے طاپتوک ایمرے کے در پر کئی سال چلہ کاٹنے والے یونس ایمرے نامی شخص کے وسیلے سے رزق کی دعا مانگی ہے۔ اسی کے وسیلے سے ہمیں رزق ملتا ہے۔ اس کے نام کی وجہ سے اللہ ہمارا دسترخوان کھانے سے بھر دیتا ہے۔''

یہ سن کر یونس ایمرے سجدہ ریز ہو گیا اور یوں کہنے لگا:

میں پہاڑوں اور پتھروں کے ساتھ
اے مولا میں تیری حمد و ثناء بیان کرتا ہوں
صبح صبح تیری حمد و ثناء بیان کرنے والے پرندوں کے ساتھ
اے مولا میں تیری حمد و ثناء بیان کرتا ہوں

پانی کے پاتال میں مچھلی[128] کی طرح
صحراؤں میں آہو کی طرح

128: ماہی: مچھلی

ابدال[129] بن کر "ھوٗ" کی طرح
اے مولا میں تیری حمد و ثناء بیان کرتا ہوں

آسمان پر عیسیٰؑ کی طرح
کوہِ طور پر موسیٰؑ کی طرح
ہاتھ میں عصا کی طرح
اے مولا میں تیری حمد و ثناء بیان کرتا ہوں

درد مند[130] ایوبؑ کی طرح
چشم پُرآشوب یعقوبؑ کی طرح
اور محمدؐ محبوب[131] کی طرح
اے مولا میں تیری حمد و ثناء بیان کرتا ہوں

میں حمد و شکر اللہ کے ساتھ
قل ھو اللہ کے ساتھ
وفادار[132] ہمیشہ ذکر اللہ کے ساتھ
اے مولا میں تیری حمد و ثناء بیان کرتا ہوں

تُو یونس کی حسرت سمجھتا ہے
وہ بلبل و قمریوں کی طرح تیرے ہی گیت گاتا ہے
تُو اسے اپنے نیک و پسندیدہ بندوں میں شمار کر
اے مولا میں تیری ہی حمد و ثناء بیان کرتا ہوں

129:ابدال: صوفی 130:اوکش: دردمند 131:محبوب: محبوب 132: قیول قال: وفادار

یونس سے یونس ایمرے

یونس ایمرے نے حاجی بکتاش ولیؒ کی روحانیت اور معنویت کی پیش کش پر غلے اور گندم کو ترجیح دی تھی۔ حاجی بکتاش ولیؒ انہیں پہچان چکے تھے۔ جب وہ واپس گھر آیا تو اسے اپنی غلطی کا احساس ہوا۔ وہ دوبارہ حاجی بکتاش ولیؒ کی درگاہ پر گیا اور روحانیت اور معنویت کے حصول کی درخواست کی تو حاجی بکتاش ولیؒ نے اسے طاپتوک ایمرے کی درگاہ پر بھیج دیا اور کہا کہ تیرے دل کی چابیاں طاپتوک ایمرے کے پاس ہیں۔

یونس ایمرے طاپتوک ایمرے کی درگاہ پر چلا گیا اور وہاں کئی سال ان کی خدمت میں موجود رہا۔ وہاں ان کے فرائض میں درگاہ کے لیے لکڑیاں اکٹھی کر کے لانا تھا۔ اس نے یہ کام بہت احسن طریقے سے سرانجام دیا۔ وہ ہمیشہ سیدھی اور خشک لکڑیاں لاتا۔ ان میں کوئی لکڑی بھی ٹیڑھی نہ ہوتی۔ طاپتوک ایمرے سمیت سب اس سے بہت متاثر ہوئے۔ یونس ایمرے ہمیشہ محنت اور ایمانداری سے اپنا کام کرتا۔ وہ دن بدن روحانی اور معنوی طور پر بلندیاں حاصل کرتا رہا۔ وہ پختہ ہوگیا اور صاحب کرامت درویش بن گیا۔

اس دور کی روایت کے مطابق جب ایک درویش صاحب کرامت بن جاتا تو وہ اپنے شیخ اور مرشد کی اجازت سے اناطولیہ کے دور دراز علاقوں میں نکل جاتا اور ان پڑھ اور عام لوگوں کی تعلیم و تربیت اور فلاح کے لیے کام کرتا۔ علم و عرفان کی تعلیم دیتا۔ جاہلوں کو راہ راست پر لاتا۔

یونس ایمرے بھی اب اس مرتبہ و مقام پر پہنچ چکا تھا۔ اب وہ طاپتوک ایمرے کے حکم سے اناطولیہ میں علم و عرفان اور ہدایت کی شمع جلانے کے لیے نکل کھڑا ہوا۔

اس دوران وہ ایک گاؤں سے گزرا، اس گاؤں میں ایک مریض تھا جو کافی عرصے سے بیمار تھا۔ علاج معالجے کی بڑی کوشش کی گئی لیکن وہ صحت مند نہ ہو سکا۔ گاؤں میں جب لوگوں کو پتا چلا کہ یہاں ایک صاحبِ کرامت درویش آیا ہوا ہے تو وہ اس مریض کو اس درویش کے پاس لائے اور علاج اور کوئی نسخہ کی درخواست کی۔ یونس ایمرے نے انہیں کہا:

''توبہ کی جڑ استغفار[133] ہے۔ خوفِ خدا توحید[134] کا ایک نقطہ ہے۔ عشقِ الٰہی سب امراض کے لیے نسخۂ کیمیا ہے۔ قناعت دل کا سکون ہے۔ اس کے بہت سے فوائد ہیں۔''

ان الفاظ کے بعد وہ جوش طبیعت میں آ گئے اور انہوں نے کہا:

میری عمر آئی گئی ہو گئی
عمر یوں ہی ہوا کی مانند بیت گئی
اور مجھے تو یہ یوں محسوس ہوتی ہے
جیسے میں نے آنکھ کھولی ہو اور پھر بند ہو گئی

زندگی موت کی امانت ہے
یہ جان جسم میں امانت ہے
روح ایک روز جسم سے نکل جائے گی
جیسے پرندہ قفس سے اڑ جاتا ہے

اس دنیا میں مسکینوں[135] کی طرح رہو
دنیا میں جو بوؤ گے وہی آخرت میں کاٹو گے

133: استغفار: توبہ کرنا 134: توحید: اللہ تعالیٰ کو ایک ماننا 135: مسکین: غریبوں، فقیروں

اپنے اعمال کا حساب دینا پڑے گا
لہٰذا سوچ سمجھ کر زندگی جیو

سبھی کی نجات کا دارومدار ان کے اعمال پر ہو گا
وہی جلیں گے[136] جو اچھے کام نہیں کریں گے
دنیا میں جیسے زندہ رہو گے ویسی ہی موت آئے گی
اور جیسی موت آئے گی ویسی ہی آخرت ہو گی

اس دنیا میں اگر تُو نے کسی پیاسے کو ایک گھونٹ بھی پانی دیا ہے
پانی پلایا ہے
تو کل کو یہ تمہارے سامنے آئے گا
کل کو یہ تمہارے سامنے حوضِ کوثر کی شکل میں آئے گا
یونس کہتے ہیں کہ اس دنیا میں
دو شخص ہی باقی رہیں گے
ایک حضرت خضر علیہ السلام
اور ایک وہ جس نے آب حیات[137] پیا ہو

136: گوئے نور: اندر ہی اندر جلنا   137: آب حیات: وہ پانی جسے پی کر موت نہ آئے

یونس مولانا جلال الدینؒ کے حضور میں

اس دور کے نامور صوفی اور عالم مولانا جلال الدین رومیؒ اس وقت قونیہ میں آباد تھے۔ یونس ایمرے نے ان کی شان وشوکت اور شہرت سن رکھی تھی۔ وہ اپنے علم اور معلومات بڑھانے کے لیے ان سے ملاقات کے متمنی تھے۔ اسی غرض سے وہ قونیہ تشریف لے گئے۔ یونس نے مولانا کی شہرۂ آفاق کتاب مثنوی کا مطالعہ کیا۔ اس سے ہمیں پتا چلتا ہے کہ یونس ایمرے فارسی زبان جانتے تھے۔

مولانا کی ہم پر نظر کرم ہو گئی
ان کی نظرِ کرم ہمارے دل کی آئینہ دار ہے

یونس ایمرے کے ایسے اشعار ان کی مولانا سے محبت اور عقیدت کے آئینہ دار ہیں اور اس بات کی طرف اشارہ کرتے ہیں کہ انہوں نے مولانا سے علمی اور روحانی فیض حاصل کیا۔

مولانا جلال الدین رومیؒ بھی جانتے تھے کہ یونس ایمرے کا مرتبہ بلند ہے اور وہ اعلیٰ روحانی مراتب کی راہ پر گامزن ہے۔ مولانا نے انہیں بہت عزت وتکریم دی۔

ایک روایت ہے کہ ایک روز مولانا مجلس میں تشریف فرما تھے۔ انہوں نے یونس ایمرے کے بارے میں بات کرتے ہوئے کہا۔

''میں آج تصوف کے جس مرتبے پر فائز ہوں اس پر طاپتوک ایمرے کی درگاہ پر تربیت حاصل کرنے والے یونس ایمرے بہت جلد اس مقام پر پہنچ چکے ہیں۔''

اس سے معلوم ہوتا ہے کہ مولانا جلال الدین رومیؒ یونس ایمرے کے مقام ومرتبے سے واقف تھے اور انہیں خاصی اہمیت دیتے تھے۔ وہ ان کے بہت معترف تھے۔

یونس ایمرے نے مولانا کی مثنوی کا بغور مطالعہ کیا۔ وہ یوں فرماتے ہیں:

گوشت اور ہڈیاں ایک ہوگئیں
اور میں نے اس میں یونس (اپنے آپ کو) دیکھا
مثنوئ رومیؒ اور اپنے عشق الٰہی کو یوں بیان کرتے ہیں:

علم، علم کی تحصیل ہے
خود شناسی ہی علم ہے
اگر تُو خود سے آگاہ نہیں ہے
تو یہ علم، کیسا علم ہے

پڑھنے سے مطلب نکالنا ہی اہم ہے
دوسروں کے بارے میں جاننا ہی علم ہے
تُو اگر دوسروں کے بارے میں نہیں جانے گا
تو ایسے علم کا کیا فائدہ ہے

ایسا مت کہہ کہ تُو نے پڑھ لیا اور تُو عالم ہو گیا ہے
ایسا مت کہہ کہ تُو نے سب کچھ سیکھ لیا اور اطاعت[138] حاصل کر لی ہے
اگر تُو حق تعالیٰ کے بارے میں نہیں جانتا ہے تو یہ سب عبث[139] اور بیکار[140] ہے

چار کتابیں پڑھ کر علم کا دعویٰ نہیں کیا جا سکتا ہے
اگر تُو اللہ کو نہیں سمجھ سکا ہے
تو سب کچھ بیکار ہے، سب لاحاصل ہے
سب عبث ہے

138: طات: فرمانبرداری
139: عبث: بے کار
140: بیلمک: بیکار

یونس ایمرے یہی کہتا ہے
ہزار حج سے بہتر ہے
اور سب سے بہترین عمل یہی ہے
کہ تُو کسی انسان کے دل میں گھر کر لے

یونس ایمرے کے ہر شعر میں ایک نصیحت موجود ہے اور ہر مصرعے میں وہ لوگوں کی راہنمائی کرتے نظر آتے ہیں۔ وہ ہر جگہ اپنے پیر و مرشد کے اطاعت گزار اور شکر گزار نظر آتے ہیں۔

دل کو صاف و شفاف کیے بغیر
یہ نماز ادا نہیں ہوتی
تمام مخلوق شامل بھی ہو جائے
تو یہ نماز نہیں ہے کہ محض ہاتھ منہ دھو کر141 نماز ادا کی جائے

درویش آئے اور گئے
وہ دنیا میں آئے اور کوچ کر گئے
وہ اڑ کر حق تعالیٰ کی طرف پرواز142 کر گئے
وہ ہما143 تھے سارس نہیں تھے

راستہ تو صرف صراطِ مستقیم کا راستہ ہے
آنکھ وہ ہے جو حق تعالیٰ کو پہچان سکے
درویش وہ ہے جو فراخ دل ہو
اوپر سے دیکھنے والی نظر، نگاہ نہیں ہے

141: یوماک: ہاتھ منہ دھونا 142: پرواز: اڑنا 143: ہما کوشو: ہما کا پرندہ

اگر تُو سیدھے راستے پر ہے
اور اس پر جلدی سے گامزن ہو گیا ہے
اور بھلائی کا کام کیا ہے
تو یہ عظیم کام ہے اس پر گامزن رہ

یونس یہ کلمات بہت معنی خیز ہیں
جیسے شہد ہو ایسے شیریں ہیں
یہ متاع عزیز ہیں
اور گوہر و جواہرات[144] ہیں محض لفظ نہیں، نمک بھی الفاظ نہیں

یونس ایمرے مولانا جلال الدین رومیؒ کے پاس طویل عرصے تک قیام پذیر رہے۔ اس قیام کے دوران ان کی دوستی مولانا جلال الدین رومیؒ کے بیٹے سلطان ولد سے ہوگئی۔
کافی سال بیت گئے۔ معروف صوفی و عالم مولانا جلال الدین رومیؒ کی وفات ہوگئی۔
مولانا رومیؒ کی وفات کے بعد ان کے مزار کی تعمیر میں سلطان ولد کے ساتھ ساتھ یونس ایمرے نے بھی حصہ لیا۔ معماروں نے مزار کی دیواریں بناتے ہوئے حلقہ بنا کر ایک دوسرے کی مدد کی لیکن یونس تن تنہا ''یااللہ، یاحق'' کہہ کر اکیلے ہی سارا کام سرانجام دیتا رہا۔ وہ یہ ذکر کرتے ہوئے اینٹوں یا پتھروں کو اچھالتا۔ اینٹیں اور پتھر کچھ دیر فضا میں معلق رہتیں اور بعد میں اپنی جگہ پر آ کر فٹ ہو جاتیں۔
یونس ایمرے صبح سے شام تک خاموشی سے مزار کی تعمیر میں مصروف رہتے اور کسی سے گفتگو نہ کرتے۔ ذکر الٰہی میں مشغول رہتے اور مزار کی دیواروں کی تعمیر میں مصروف رہتے۔
ان کے معجزات دیکھ کر معمار نے ان سے پوچھا:

144: گوہر: موتی

''اے درویش! تم کون ہو؟''

یونس نے اپنے آپ کو ظاہر نہ کیا۔ اپنی شناخت راز میں رکھی۔ کوئی چیز بھی ظاہر نہ کی۔ معمار ان سے باتیں کرتا لیکن وہ ''یا حق، یا اللہ'' کہہ کر اینٹیں اور پتھر پھینکنے میں مصروف رہتے۔ اینٹیں اور پتھر فضا میں معلق رہتے اور پھر نیچے دیوار پر آ کر فٹ ہو جاتے۔ اس دوران ایک اینٹ ہوا میں معلق رہنے کے بعد نیچے گری اور ٹکڑے ٹکڑے ہو گئی۔

اینٹ کے گرنے اور ٹکڑے ہونے سے یونس ایمرے کی کرامات اور شناخت ظاہر ہو گئی۔ ان کی اصلیت اور پہچان ظاہر ہونے کے بعد وہ وہاں سے جانے کے لیے تیار ہو گئے۔ انہوں نے سلطان ولد سے جانے کے لیے اجازت چاہی:

''اب میں یہاں نہیں رہنا چاہتا۔''

سلطان ولد نے یونس ایمرے سے کہا:

''جاؤ یونس! جا سکتے ہو۔ جاؤ مزار کی بجائے دلوں کی تعمیر کرو۔''

یہ کہہ کر انہوں نے یونس ایمرے کو وہاں سے جانے کی اجازت دے دی۔

اب یونس ایمرے ایک دفعہ پھر سفر پر روانہ ہوا۔

میرا دل پتھر ہو گیا
اے مرشد تُو اسے پانی کی مانند نرم کر دے
اس خونی زندگی کے بہاؤ کو
کسی راہ کنارے لگا دے

میں کیا تھا اور کیا ہو گیا ہوں
مجھے میرے درد کا درماں دے دے
میں علم و عرفان کی راہ سے بھٹک گیا ہوں
مجھے صراط مستقیم پر چلا دے

مجھ سے میرا دوست کھو گیا[145] ہے
میں تن تنہا ہو گیا ہوں
میری آنکھوں میں آنسو ختم ہو گئے ہیں
اے مرشد! تُو انہیں آب رواں کی طرح جاری کر دے

میں خاک بن گیا ہوں
تُو مجھ پر نظرِ کرم کر دے
میرے پتھر دل کو موم کر دے
مجھ پر نظرِ کرم کر دے

میں راستے سے بھٹک گیا ہوں
اے مرشد! تو مجھے صراط مستقیم پر گامزن کر دے
میں اپنے محبوب سے جدا ہو گیا ہوں
تُو مجھے میرے محبوب سے ملا دے

میں ان برفانی تودوں میں
اور گھنے بادلوں میں گھر چکا ہوں
گھٹا ٹوپ اندھیروں میں
تُو مجھ پر ابر رحمت برسا دے

یونس تیرے عشق کا اسیر[146] ہے
تیرے راستے کی خاک ہے

145: یاوکلمک : کھونا
146:اسیرمک: اسیر (گرفتار)

یونس تیرے دیدار کا متمنی ہے
وہ تیرا بیمار147 ہے تُو اسے صحت مند148 کر دے

یونس ایمرے حق تعالیٰ کا عاشق ہے۔ عشق الٰہی اس کے انگ انگ میں رچا بسا ہوا ہے۔ وہ جہاں جاتا، جدھر دیکھتا ہر جگہ اسے خالق حقیقی کے مظاہر نظر آتے۔ عشق الٰہی سے اس کا دل بھرپور تھا۔

تیرے عشق نے مجھے مجھ سے چھین لیا ہے
اب مجھے فقط تیری ضرورت ہے
میں دن رات تیرے عشق میں جل رہا ہوں
اب مجھے فقط تیری ضرورت ہے

اب مجھے اپنے وجود سے کوئی سروکار نہیں ہے
نہ ہی مجھے اپنے عدم وجود سے کوئی سروکار ہے
اب مجھے فقط تیرے عشق کی ضرورت ہے
اب مجھے فقط تیری ضرورت ہے

عاشقوں کے لیے عشق ہی سب کچھ ہے
عشق ہی ان کی فناء و بقاء ہے
عشق ہی ان کی روشنی، عشق ہی ان کا نور ہے
اب مجھے فقط تیری ضرورت ہے

147: سائے رو: بیمار 148: سالمک: صحت مند

میں نے تیرے عشق کی شراب پی لی ہے
اور تیرے عشق میں مجنوں ہو کر پہاڑوں کی طرف نکل کھڑا ہوں
مجھے شب و روز تیری تلاش ہے
اب مجھے فقط تیری ضرورت ہے

صوفیوں کو مجالس کی ضرورت ہے
آخرت کے متمنی کو آخرت[149] کی ضرورت ہے
مجنوؤں کو لیلیٰ کی ضرورت ہے
اور اب مجھے فقط تیری ضرورت ہے

اگر مجھے قتل بھی کر دیا جائے
مجھے جلا کر خاکستر کر دیا جائے
اور منوں مٹی تلے دفن کر دیا جائے
تب بھی مجھے فقط تیری ضرورت ہے

میرا نام یونس[150] ہے
ہر دن آتشِ[151] عشق میں تیزی آ رہی ہے
میری دونوں جہانوں میں ایک ہی آرزو[152] ہے
مجھے فقط تیری ضرورت ہے

149: آخرت: آخرت 150: یونس دورور: یونس: یونس ہے 151: اود: آتش
152: مقصود: مقصد،آرزو

درویشی

مولانا جلال الدین رومیؒ کے مزار کی تعمیر کے دوران جب ان کی کرامات ظاہر ہوگئیں تو وہ وہاں سے چلے گئے۔ وہ اپنے جیسے درویشوں کی تلاش میں تھے جہاں وہ اپنا حال دل اور واقعات بیان کرسکیں۔ کسی کی مدد کرسکیں اور کسی کے کام آسکیں۔ وہ ایک اَن دیکھے سفر پر رواں دواں تھے۔

یونس گاؤں گاؤں قریہ قریہ سفر کرتا رہا۔ اس دوران اس نے سنا کہ دور کہیں صاحبِ حق موجود ہیں۔ وہ ان کامل راہنما اور مرشد سے ملنا چاہتے تھے۔ وہ ان کے حضور حاضر ہوکر اپنا حال بیان کرنا چاہتے تھے۔ وہ وہاں کچھ عرصہ ٹھہر کر وہاں کی فیض و برکات سے مستفید ہونا چاہتے تھے۔

راستہ کٹھن اور طویل تھا۔ وہ دن رات چلتے رہے۔ پہاڑ، میدان، صحرا اور دریا پار کرتے اور چلتے رہے۔ راستے میں کبھی اجنبی[153] اور کبھی شناساؤں سے ملے۔ انہیں راستے میں ساری مخلوق، خالقِ خدا کی حمد وثناء بیان کرتے نظر آئی۔ آخرکار وہ اس کامل انسان کے در پر جا پہنچے جہاں وہ جانا چاہتے تھے۔ وہ ایک طویل اور تھکا دینے والے راستے سے ہوکر آئے تھے۔ وہ بہت پریشان اور اجنبی دکھائی دے رہے تھے۔ تاہم ان کے ہوش وحواس قائم و دائم تھے۔ ان کا حال صرف صاحبِ نظر ہی جان سکتا تھا۔ وہاں درگاہ پر موجود درویشوں نے انہیں ایک عام سا انسان سمجھا اور ان کا مذاق اڑاتے ہوئے کہنے لگے:

"تم کون ہو؟ کہاں سے آئے ہو اور کہاں کا ارادہ رکھتے ہو؟"

یونس ایمرے نے انہیں بتایا کہ وہ ایک درویش ہیں اور انہوں نے اپنی تمام عمر راہِ حق اور

153: اغیار: اجنبی

عشقِ الٰہی کے لیے وقف کر رکھی ہے۔ انہوں نے مزید کہا کہ اگر اجازت ہو تو وہ یہاں درگاہ کے شیخ کی دست بوسی کرنا چاہتے ہیں۔

وہاں کے درویشوں نے یہ سن کر قہقہہ لگایا اور کہا:

"آپ کیسے درویش ہو سکتے ہیں؟ آپ کے اوپر نہ تو خرقہ ہے اور نہ سر پر تاج؟ آپ درویش نہیں ہو سکتے ہیں۔"

یہ کہہ کر انہوں نے یونس کا مذاق اڑایا۔ انہیں حقیر جانا۔

درویشوں کی باتوں نے یونس کو بہت مایوس کیا۔ وہ سب درویشی کے حصول کے لیے سالہا سال سے وہیں تھے۔ وہ ایک درویش سے یوں کیسے پیش آ سکتے تھے؟ یونس بہت افسردہ ہوا۔ اس کے دل پر آسمانی بجلی آ گری۔ انسان کو ہاتھ کے زخم سے زیادہ زبان کا زخم نقصان پہنچاتا ہے۔ یونس کے دل پر ان درویشوں کے الفاظ نے بہت اثر کیا۔

یونس زخم خوردہ تھا۔ اس نے افسوس زدہ نظروں سے درویشوں کی طرف دیکھا۔ وہ ابھی تک یونس کا مذاق اڑا رہے تھے۔ زخم خوردہ یونس کے دل سے یوں صدا آئی:

درویشی جسے کہتے ہیں
یہ خرقہ و تاج کی محتاج نہیں ہے
جس کا دل درویش ہو
وہ خرقہ و خلعت کا محتاج نہیں

خرقہ کا قصور کیا ہے
اگر تُو منزل کو نہ پا سکے
جاؤ[154] آپ اپنے راستے پر چلتے جاؤ
درویش حیلے باز[155] نہیں ہوتا

154: ورگل: جاؤ 155: قلماچ: حیلے باز

شیخ کو جا کر کہیں ایک عاشق آیا ہے
اس کا سر ننگا اور پاؤں جوتوں سے خالی ہیں
وہ شیخ سے ملاقات کا طلب گار ہے
طویل مسافت طے کر کے ملنے کا متمنی ہے

درویش معرفت کی باتیں کرتا ہے
اس کا نام یونس ایمرے ہے
وہ راہ حق اور درویشی کی راہ پر ہے
لیکن بے منزل نہیں ہے

یونس یہ کہہ کر وہاں سے چلا گیا۔ درویشوں نے یونس کے الفاظ، کلمات اور اشعار پر غور کیا تو وہ بہت پچھتائے۔ وہ شرم کے مارے ایک دوسرے کی طرف دیکھنے لگے۔ یونس کے الفاظ معنی خیز تھے۔ ان کے دلوں پر اثر کر گئے۔ ایسا کلام کسی عام آدمی کا نہیں ہوسکتا تھا۔ درویشوں کو اپنے کیے پر شرمندگی محسوس ہو رہی تھی۔

اس دوران یونس نظروں سے اوجھل ہو گیا تھا۔ اپنی غلطی کا احساس کر کے وہ یونس کے پیچھے دوڑے اور اسے روک کر کہا:

''ہم سے غلطی ہوگئی۔ تُو ہمیں معاف کر دے۔ ہم اپنی جہالت کی وجہ سے آپ کو پہچان نہیں سکے۔ اب واپس آ جاؤ اور درگاہ کی طرف چلتے ہیں۔ ہمارے ساتھ چائے پانی پیئیں۔''

یونس نے درویشوں کی آنکھوں میں دیکھا۔ یونس کو ان کی آنکھوں میں عشقِ الٰہی کے کچھ اثرات نظر نہ آئے۔ وہ درویشی کی حقیقت کو نہیں سمجھتے تھے اسی لیے خرقہ و تاج کو اہمیت دیتے تھے۔ یونس دل ہی دل میں کہنے لگے:

''کتنے افسوس کی بات ہے کہ آپ کے دل میں عشقِ الٰہی ذرّہ برابر بھی نہیں ہے۔ آپ کے نزدیک خرقہ اور تاج ہی درویشی کی علامت ہے۔ آپ کو خرقہ اور تاج یونس سے نہیں ملے گا۔ یہ چیزیں تو بازار سے ملیں گی۔ جو آپ کے اوپر جچیں، لے لیں۔''

یہ سوچتے سوچتے وہ پیچھے مڑے اور عشقِ الٰہی میں ڈوبے اللہ کے ولیوں کی تلاش میں چلنا شروع ہو گئے۔

درویشوں کے الفاظ نے یونس کا دل توڑ دیا تھا۔ الفاظ دل بھی توڑ سکتے ہیں اور دلوں کو جوڑ بھی سکتے ہیں۔

یونس کہتے ہیں:

پُرمعنی الفاظ[156] جاننے والے کو معلوم ہے
کہ لفظوں کی حقیقت کیا ہے؟
معنی خیز، پختہ[157] الفاظ جاننے والے کو معلوم ہے
ایک صحیح لفظ کام کو بنا سکتا ہے

الفاظ جنگ کو ختم کر سکتے ہیں
الفاظ کام کو بگاڑ سکتے ہیں
الفاظ عاشق کا سب کچھ ہیں
لفظوں ہی سے شہد اور گھی ٹپکتا ہے

معنی خیز الفاظ پختہ ہوتے ہیں
الفاظ برائی کو ٹالتے[158] بھی ہیں

156: قلع جی: پُرمعنی الفاظ　157: بے شرمک: پختہ (پختہ ہونا)　158: شے شرمک: ٹالنا

الفاظ ادا کرنے والے کی عقل159 کو بھی ظاہر کرتے ہیں
دماغ کو الفاظ ہی جلا بخشتے ہیں

اے میرے بادشاہ160
ہمارے الفاظ کو غور سے سن
الفاظ گویا ہزاروں161 جواہرات و دینار162 کی مانند ہیں
اسی طرح الفاظ منوں مٹی تلے دبا دیتے ہیں

کسی کے الفاظ163
اس کی شخصیت کے آئینہ دار164 ہوتے ہیں
اس دنیا کو الفاظ جہنم بنا دیتے ہیں
اور الفاظ انسان کو اڑا کر رکھ دیتے ہیں

اپنے راستے پر چلتے رہو
تمہارا علم تمہیں کہیں غافل نہ کر دے
کسی وقت165 تمہارے خاموشی سے کہے ہوئے الفاظ
تمہاری جان بھی لے سکتے ہیں

یونس الفاظ ادا کرتے ہوئے محتاط رہو
الفاظ کو چن کر اور سوچ کر ادا کرو

159: اوس: عقل (دماغ) 160: شہریار: بادشاہ (حکم دار) 161: ہزاران: ہزاروں 162: دینار: (دولت) دینار 163: دیمک: کسی کے الفاظ (کہنا) 164: کم: آئینہ دار 165: کے: کسی وقت

یہی الفاظ تمہیں کسی وقت اس شیخ کے حضور
ڈبو بھی سکتے ہیں، پار بھی لگا سکتے ہیں

یونس ایمرے کی واپسی

یونس ایمرے نے اپنے مرشد طاپتوک ایمرے کے حکم کی بجا آوری کے لیے بہت طویل مسافت طے کی۔ شہر شہر، قریہ قریہ گھوما۔ سالہا سال سفر کیا۔ بے شمار لوگوں سے ملا اور اپنے شیخ کے حکم کو بجا لایا۔ اسے جو کچھ معلوم تھا اس نے دوسروں کو سکھایا اور جو نہیں معلوم تھا وہ دوسروں سے سیکھا۔ آخرکار اب وقت آن پہنچا تھا۔ اب یونس درگاہ پر واپس آ گیا۔ یہ اس کے مرشد طاپتوک ایمرے کی درگاہ تھی۔

درگاہ کے قریب آتے ہی یونس کے اندر ایک ہیجان برپا تھا کہ کہیں اس کے مرشد طاپتوک ایمرے اسے بھول تو نہیں گئے۔ وہ یہ سوچ کر پریشان ہو گیا۔ یونس اپنے مرشد کے دیدار کا شدت سے متمنی تھا۔ وہ ان کی دست بوسی کا انتظار کر رہا تھا۔

جب یونس درگاہ میں داخل ہوا تو اس کا خیال تھا کہ سب کچھ ویسا ہی ہو گا جیسے وہ چھوڑ کر گیا تھا۔ وہ سب سے پہلے اپنے شیخ کی بیگم کو سلام کرنے پہنچا۔ اس کی حیرانی کی انتہا نہ رہی جب طاپتوک ایمرے کی بیگم نے اسے کہا:

''یونس! شیخ اب پہلے والے نہیں رہے۔ بہت ضعیف[166] ہو چکے ہیں۔ ان کی بینائی چلی گئی ہے۔ اب تم جاؤ، سو جاؤ۔ جب صبح طاپتوک ایمرے نماز کے لیے اٹھیں اور وضو کے لیے جائیں تو ان کے پاؤں آپ کو لگیں گے۔ جب وہ پوچھیں۔ ''یہ کون ہے؟'' تو میں کہوں گی کہ یہ ''یونس'' ہے۔ اگر وہ پوچھیں کہ کون سا یونس؟ تو سمجھنا کہ وہ تمہیں بھول چکے ہیں اور اگر کہیں کہ ''وہ ہمارا یونس'' تو سمجھ جانا کہ وہ آپ کو جانتے ہیں اور پہچانتے ہیں۔ اس وقت ان کی دست بوسی کرنا۔''

166: کوجہ مک: ضعیف

یونس نے بیگم صاحبہ کی نصیحت کو پلے باندھ لیا۔ وہ طاپتوک ایمرے کے کمرے کے کونے میں دراز ہو گئے اور سو گئے۔ صبح کی اذان کے وقت طاپتوک ایمرے وضو کے لیے اٹھے اور بیگم کے ہاتھوں کے سہارے اٹھ کر وضو کرنے کے لیے جانے لگے۔ اس دوران ان کا پاؤں یونس کو لگا تو انہوں نے بیگم سے پوچھا:

''یہ کون ہے؟''

بیگم صاحبہ نے کہا:

''یونس ہے۔''

طاپتوک ایمرے نے کہا:

''کیا ہمارا اپنا یونس ہے؟''

یہ سن کر یونس ایمرے اپنی جگہ سے اٹھے اور شیخ کا ہاتھ چوم لیا۔

شیخ، یونس کو نہیں بھولا تھا۔ یہ دیکھ کر یونس ایمرے خوشی سے نہال ہو گیا اور کہا:

اے اللہ![167] تیرا لاکھ شکر ہے
آج میں نے اپنے مقصد کو پا لیا ہے
میں کتنے ہی عرصے سے ان کے دیدار کا مشتاق[168] تھا
آج میں نے اپنے مرشد کے چہرے کی زیارت کر لی ہے

میں وسوسوں میں مبتلا ہو چکا تھا
میری جان لبوں تک[169] آ چکی تھی
مرشد کے چہرے کے دیدار کے بعد
اب تمام وسوسے ہوا ہو گئے ہیں

167: چلاپ: اللہ (اللہ تعالیٰ، خالق) 168: مشتاق: متمنی 169: زبون اولمک: جان لبوں تک آ جانا

اب میں اپنے دوست کے پاس ہوں
پردیس ختم ہو چکا ہے
اب میں اپنے دوست کے باغ میں ہوں
اب میرے عشق کو تعبیر مل گئی ہے

میں اپنے دوست کا غلام ہوں
دوست کے باغ کا بلبل ہوں
اب میں خوشی کے شادیانے بجاؤں گا
میں گل و گلزار[170] میں داخل ہو گیا ہوں

اس دن کے بعد یونس اپنے شیخ سے جدا نہ ہوا اور کئی برسوں اکٹھے زندہ رہے۔ انہوں نے لوگوں کی راہنمائی کے لیے شب و روز ایک کر دیا۔

170: گلزار: باغ

یونس کو کڑاہے میں ڈالنا

اس دور میں جنگ و جدل کہیں نہ کہیں چھڑی رہتی تھی۔ انہی دنوں ایک جنگ میں یونس ایمرے نے شرکت کی۔ وہ بڑی بہادری سے لڑے مگر افسوس کہ جنگ میں قیدی بن گئے اور گرفتار ہو گئے۔

دشمن نے ان پر مظالم کے پہاڑ توڑ ڈالے۔ ان کے پاؤں میں بیڑیاں ڈال دی گئیں۔ یہی نہیں بلکہ آپ کو ابلتے ہوئے پانی کے کڑاہے میں ڈال دیا گیا۔ گرم کڑاہے کے نیچے آگ جلا دی گئی۔ کئی گھنٹے آپ اس گرم پانی میں رہے۔ آپ گرم پانی سے ابل گئے اور موت کے قریب ہو گئے۔ جب کڑاہے کو آگ سے نیچے اتارا تو آپ زندہ سلامت تھے اور آپ کا بال بھی ٹیڑھا نہیں ہوا تھا۔ دشمن یہ دیکھ کر ششدر رہ گیا۔ وہ یہ منظر دیکھ کر بھاگ کھڑے ہوئے۔

طاپتوک ایمرے نے کہا:

”اے میرے یونس! اگر کچھ دیر مزید پانی میں رہتے تو پانی ہو جاتے۔ یہ کیا حال کیا ہے؟“

یونس نے شیخ کے سامنے ہاتھ باندھ کر یوں عرض کیا:

کل قریہ[171] کو موت کا اندیشہ ہے
عاشق کو موت نہیں اور وہ لافانی[172] ہے
موت عاشق کا کچھ نہیں بگاڑ سکتی
کیونکہ عاشق پر نورِ الٰہی برستا ہے

171: قریہ: گاؤں، جہاں
172: باقی: لافانی

عاشق کو موت سے کیا ڈر ہے
وہ حق تعالیٰ کا دوست ہے
عشق کبھی مر نہیں سکتا
اس دنیا کو فنا ہے اور یہ فسادی[173] ہے

عشق لامحدود زمانے سے ہے
ہم عاشق زمانۂ قدیم[174] سے ہیں
ہم ایک پرندے کی مانند تھے
ہمارا موجودہ زمانہ قدیم کے تخم[175] سے ہے

یونس تمہیں مژدہ[176] ہو
جب تمہیں دوست کا بلاوا آ جائے تو
اس وقت کوئی بھی چیز
اپنے اصل کو لوٹ جاتی ہے

یونس ایمرے اب معنوی طور پر بہت بلند ہو چکا تھا۔ وہ عشقِ الٰہی میں مستغرق ہو چکا تھا۔ وہ خدا کی پناہ میں آ گیا تھا۔ وہ یہاں اپنے آپ کو محفوظ سمجھتا تھا۔

میں اللہ کا عاشق ہوں
میں عشق سے معمور ہوں
اس نے میرے دل کو اپنا بنا کر
اس میں اپنے راز فاش[177] کر دیئے

173: فاسد: فسادی 174: قالو بالا: زمانۂ قدیم 175: بوداق: تخم (بیج) 176: بشارت: مژدہ (خوش خبری) 177: فاش ایلامک: (راز فاش کرنا)

تمہارا نام میرے دل پر نقش ہے
میری زبان پر تیرا ہی نام اور ذکر ہے
حق تعالیٰ[178] نے اپنا نور
میری آنکھوں میں ڈال دیا[179] ہے

میں نے جان و دل[180] سے اسے ہی دیکھا ہے
میری زبان پر اسی کا ذکر جاری ہے
وہ میرے دل و جان میں موجود ہے
میرے اندر اس کا عرش[181] ہے

میرے دل میں اسی کا چراغ[182] روشن ہے
اس کا قیام میرے دل میں ہے
میرے دل میں اسی کا بسیرا ہے
میرے اندر اسی کا عشق ٹھاٹھیں[183] مار رہا ہے

اس نے مجھے اپنے عشق کا جام[184] پلا دیا ہے
میں اس جام کو غٹا غٹ پی گیا ہوں
اب میرا پیمانہ لبریز ہو چکا ہے
اس کے عشق کے جام نے مجھے مدہوش کر دیا ہے

178: چلاپ: حق تعالیٰ (رب) 179: توش ایلامک: آنکھوں میں ڈالنا 180: دل: دِل
181: عرش: آسمان 182: چراغ (دیا): چراغ 183: جوش ایلامک: ٹھاٹھیں مارنا (جوش)
184: پیمانہ: جام

میں اس کے عشق میں مدہوش[185] ہو چکا ہوں
میری زبان و لب سے موتی[186] جھڑ رہے ہیں
میرا عشق اسی ذاتِ الٰہی سے ہے
اس کے عشق نے مجھے درویش بنا دیا ہے

میرے جیسے اس کے کتنے ہی عاشق ہیں
میں اس کی مخلوق اور اسی کا بندہ ہوں
میرے جیسے ہزاروں اس کے عاشق ہیں
میری خوش قسمتی ہے کہ اس نے مجھے خرقۂ[187] عشق عطا کیا

میں یونس تیرے عشق کا پرتو ہوں
میں تجھے دیکھ کر باغ و بہار ہو جاتا ہوں
درویشوں کی محفل میں
تیرے عشق نے جنبش پیدا کر دی ہے

185: اسیرک: مدہوش 186: دُر: موتی 187: خرقہ: لباس

سونے والی ریت

یونس ایمرے کے متعلق بہت سی حکایات موجود ہیں اور زبان زدِ عام و خاص ہیں۔ بہت سے علاقوں میں یونس سے متعلق کہانیاں موجود ہیں۔ ان میں سے ایک کہانی مانیسہ اور اس کے اردگرد کے علاقوں میں مشہور ہے۔قولہ نامی قصبہ میں یہ حکایت کافی مشہور ہے۔ کچھ لوگ کہتے ہیں کہ یونس ایمرے قولہ قصبے کے گاؤں ایمرے سلطان میں رہے ہیں اور وہیں انہوں نے وفات پائی۔

اس خطے کے لوگوں کا کہنا ہے کہ ایک رات یونس نے خواب دیکھا کہ وہ مانیسہ کے حکمران کے باغ میں داخل ہوا ہے اور وہاں اس نے ایک گلاب توڑ لیا۔ اس ایک گلاب کے بدلے یونس نے بوریاں بھر بھر کر مانیسہ کے سلطان کو سونا عطا کیا۔ جب یونس نے یہ خواب دیکھا تو اس وقت وہ ہنوز جوان تھے۔ وہ صبح اٹھے اور ایک بزرگ کو اپنا خواب سنایا۔

بزرگ نے کہا:

''آپ مانیسہ کے حکمران کی لڑکی کا ہاتھ مانگیں گے اور اس کے بدلے میں بوریاں بھر کر اسے سونا دو گے۔''

یہ سن کر یونس نے کہا:

''اے درویش! میں مانیسہ کے حکمران کی بیٹی سے کیسے نکاح کر سکتا ہوں؟ اتنا بڑا حکمران میرے جیسے 188 فقیر کو بھلا اپنی بیٹی کا رشتہ کیوں دے گا؟''

اس بزرگ نے کہا:

''ایسے مت کہو۔ تمہاری قسمت میں یہی لکھا ہے۔ تم ایک دفعہ مانیسہ کے حکمران سے

188: بین جیلین: میرے جیسے

رشتے کے طلب گار تو بنو۔ بعد کی بعد میں دیکھی جائے گی۔ اللہ کریم ہے۔ وہ کوئی سبب پیدا کر دے گا۔"

یونس نے ہنسی مذاق میں اس واقعے کو بھلا دیا۔ کچھ ہی عرصے بعد اسے دوبارہ وہی خواب دکھائی دیا۔ انہیں سجھائی نہیں دے رہا تھا کہ وہ کیا کرے اور کیا نہ کرے؟ وہ پریشان اپنی والدہ کے پاس آئے اور کہا:

"ماں مت پوچھیں کیا ہو رہا ہے؟ میں نے خواب میں دیکھا ہے کہ مانیسہ کے حکمران کے باغ سے میں نے ایک گلاب توڑا ہے اور اس کے بدلے میں نے کئی سونے سے بھری بوریاں اسے دی ہیں۔ میں نے اس خواب کو ایک درویش سے بیان کیا تو اس نے کہا کہ تم اس حکمران کی بیٹی کا رشتہ مانگو۔"

ماں نے یہ سن کر کہا:

"اس سے زیادہ آسان کیا ہو سکتا ہے بیٹے۔ میں جا کر حکمران سے اس کی بیٹی کا رشتہ مانگتی ہوں۔ اگر قسمت میں ہے تو حکمران کیا کر سکتا ہے اور اگر نہیں ہے تو ہم کیا کر سکتے ہیں؟"

اگلے دن یونس کی ماں مانیسہ روانہ ہو گئی۔ مانیسہ کے حکمران کے گھر پہنچ کر اس نے کہا۔

"اللہ کے حکم اور پیغمبر اسلام کے فرمان کے مطابق میں آپ کی بیٹی کا رشتہ اپنے بیٹے یونس کے لیے مانگنے آئی ہوں۔"

حکمران نے بڑھیا کی بات خاموشی سے سنی۔ اسے سمجھ نہیں آ رہا تھا کہ وہ کیا کہے۔ آخر کار اس نے بڑھیا سے کہا۔

"اگر اللہ کا یہی حکم ہے تو ہم کیا کر سکتے ہیں لیکن بیٹی کی طلب کے لیے پیشگی ادائیگی کے لیے چالیس خچر سونے سے لدے ہوئے ہونے چاہیے۔"

اس کے علاوہ حکمران نے کچھ نہیں کہا۔

سونے سے لدے چالیس خچر کہنا آسان ہے لیکن ایسا کرنا مشکل ہے۔ ایک مسکین کے

پاس تو چالیس سکے بھی نہیں ہوتے، وہ چالیس سونے کے بھرے خچر کہاں سے لائے گا؟

بڑھیا خاموشی سے گھر واپس آ گئی اور سارا ماجرا بیٹے کو سنایا۔

یہ سن کر یونس ایمرے نے کہا:

''ماں آپ فکر نہ کریں۔ میں کوئی راستہ نکالتا ہوں اور پیشگی ادائیگی کا بندوبست کرتا ہوں۔ ماں کو بیٹے کی بات پر زیادہ یقین نہ آیا لیکن پھر بھی وہ خاموش رہی۔

یونس نے ادھر ادھر ہمسائیوں سے چالیس خچروں کا بندوبست کیا۔ خچروں کو لے کر مانیسہ کی طرف روانہ ہو گیا۔ جب وہ ایک دریا کے کنارے پہنچا تو اس نے ان خچروں پر چالیس خالی بوریاں ریت سے بھر کر لادیں اور تیز تیز مانیسہ کی طرف روانہ ہو گیا۔ جلد ہی وہ حکمران کے سامنے حاضر ہو گیا۔

''آپ نے میری ماں سے چالیس سونے کی بوریاں طلب کی تھیں۔ یہ پوری چالیس بوریاں ہیں۔ سونے سے لدے چالیس خچر محل کے صحن میں موجود ہیں۔''

خدمت گاروں نے خچروں سے بوریاں اتاریں اور خزانے میں خالی کر دیں۔ خزانہ سونے سے بھر گیا۔ دیکھنے والے سب حیران رہ گئے۔ دریا کے کنارے سے ریت کی بھری ہوئی بوریاں سونے میں بدل گئیں۔

مانیسہ کے حکمران نے اپنی بیٹی کا نکاح یونس سے کر دیا۔ یوں یونس اپنی مراد کو پہنچ گئے۔

وفات

یونس ایمرے نے زندگی بھر چلّہ کشی کی۔ طویل سفر اختیار کیے۔ اس نے بہت کچھ دیکھا۔ دوست اور دشمن بنائے۔ جنگوں میں شرکت کی، گرفتار ہوئے اور اسیری کی صعوبتیں برداشت کیں۔ آخرکار وہ بھی انسان تھا۔

ایک روز طاپتوک ایمرے نے یونس کو بلوایا اور کہا:

"اے میرے یونس! فلاں جگہ جاؤ اور وہاں قیام کرو۔ لوگوں کی راہنمائی کرو۔ لوگوں کے دلوں کو جیتو۔"

یونس اپنے شیخ سے الگ نہیں رہنا چاہتا تھا۔ اس نے اپنے شیخ طاپتوک ایمرے سے کہا:

"میں آپ کے دیدار سے محروم نہیں رہنا چاہتا۔"

یہ کہہ کر وہ رونے لگے۔

طاپتوک ایمرے اسے آزمانا چاہتے تھے لیکن یونس اپنے مرشد سے بے انتہا محبت کرتا تھا اور وہ ان سے الگ نہیں ہونا چاہتا تھا۔ یونس ایمرے اپنی آزمائش میں پورا اترا۔

اس واقعے کے بعد یونس درگاہ پر موجود رہا اور اپنے مرشد کی خدمت گزاری کرتا رہا۔ کچھ عرصے بعد دوبارہ طاپتوک ایمرے نے یونس کو بلوایا اور کہا:

"اے یونس! وقت آن پہنچا ہے۔ میں یہ عصا پھینک رہا ہوں۔ جہاں یہ گرے وہاں جا کر آباد ہو جاؤ۔ وہاں انسانوں کو صراط مستقیم کا سبق دو اور محبت کا پیغام عام کرو۔ وہاں آخری سانس تک آباد رہو۔"

یہ کہہ کر طاپتوک ایمرے نے اپنا عصا ہوا میں پھینکا۔

وہ عصا دریائے سقاریہ کے قریب سارے کوئے میں جا کر گرا۔ یونس وہاں تک گیا۔ یونس نے یہاں ڈیرے ڈال دیئے اور تکیہ بنا لیا۔ انہوں نے لوگوں کو تعلیم و تربیت دینا شروع کر دی۔ انہوں نے بہت سے دلوں کو فتح کیا اور ان میں عشقِ الٰہی سمو دیا۔

اس دنیا میں جو بھی چیز پیدا ہوئی ہے، آخر کار سب کو موت کا ذائقہ چکھنا ہے۔ یہ دنیا ایک مسافر خانہ ہے اور سب کو ایک دن یہاں سے کوچ کرنا ہے۔ دنیا کا مال و دولت، شان و شوکت، ٹھاٹھ باٹھ یہیں رہ جانا ہے۔ یونس ایمرے کو جو یہاں غلط اور خراب نظر آیا، اس نے اپنے تئیں اسے درست کرنے کی کوشش کی۔

یونس نے اپنے تکیے پر لوگوں کی راہنمائی اور رہبری جاری رکھی۔ لوگوں کی تعلیم و تربیت کرتے رہے۔ صبر و شکر سکھاتے رہے۔ اس دوران انہیں افسوس ناک خبر ملی کہ طاپتوک ایمرے کا انتقال ہو گیا ہے۔ یہ خبر اس پر بجلی بن کر گری۔

اب اس کے راہبر و راہنما اور پیر و مرشد اس دنیا میں نہیں رہے تھے۔ انہیں خام سے کندن بنانے والے دنیا سے کوچ کر گئے تھے۔ یونس بے حد افسردہ تھا۔ تاہم خالق کائنات کے آگے وہ کیا کر سکتا تھا؟

یونس اپنی درگاہ اور تکیے پر ہی رہنے لگے۔ شاذ و نادر ہی باہر نکلتے۔ تکیے پر موجود درویشوں کو پند و نصیحت کرتے رہتے۔ ان کی راہنمائی کرتے۔ یوں اس کے شب و روز حمد و ثناء اور اسلام کی خدمت کرتے گزر رہے تھے۔ وہ درویشوں اور لوگوں کو دنیا کی بے ثباتی کے بارے میں بتاتے۔

ہر ذی شعور کو موت کے منہ میں جانا ہے۔ اس دنیا میں صرف بھلائی اور نیکی باقی رہتی ہے۔ باقی سب فنا ہے۔ یونس نے ساری عمر خود بھی اس پر عمل کیا۔ اس کا دل کبھی بھی اس دنیا اور اس کی آسائشوں کی طرف مائل نہ ہوا۔ اپنے شیخ کی درگاہ پر لکڑیاں لانے سے اور خود بلند مرتبے پر فائز ہونے تک وہ ایمان دارانہ زندگی بسر کرتے رہے۔ اپنی ساری زندگی راہِ حق پر

بسر کی۔

موت کا وقت آن پہنچا تھا۔ زندگی موت کی امانت ہے۔ عزرائیل آ گیا اور اس نے موت کا پیغام سنا دیا اور اس کی روح قفسِ عنصری سے پرواز کر گئی۔ یوں 1320ء کو وہ خالق حقیقی سے جا ملا۔

یونس ایمرے کے انتقال کی خبر جنگل میں آگ کی طرح پھیل گئی۔ سب افسردہ تھے اور دعائے مغفرت کر رہے تھے۔ بہت سی جگہوں پر غائبانہ نماز جنازہ ادا کی گئی۔ یوں ایک سچا عاشقِ الٰہی اس دنیا سے کوچ کر گیا۔

یونس ایمرے کی وصیت

یونس ایمرے نے موت سے قبل یوں وصیت فرمائی:

''میری موت کے بعد مجھے میرے مرشد طاپتوک ایمرے کے مزار کی طرف جانے والے راستے پر دفن کیا جائے اور وہاں میری قبر بنائی جائے۔''

یونس ایمرے حیاتِ ابدی میں بھی مرشد کے قریب ہونے کے آرزومند تھے۔ وہ اسی در پر خام آئے تھے اور یہیں پختہ ہوئے اور بام عروج کو پہنچے تھے۔ وہ صاحب دل انسان تھے اور صاحب دل انسان سے دور نہیں رہنا چاہتے تھے۔ وہ خود فرماتے ہیں:

طاپتوک ایمرے کے در پر
آ کر غلام ہوا
یونس بے چارہ خام تھا
الحمدللہ! یہیں پختہ ہوا بام ہوا

یونس ایمرے کو ان کی وصیت کے مطابق اسی مقام پر دفن کیا گیا جہاں ان کی خواہش تھی۔ یوں وہ اپنے مرشد کے آخری دم تک وفادار رہے اور بڑی عاجزی وانکساری کی زندگی بسر کی۔

مُلّا قاسم

موت کے بعد بھی یونس ایمرے کے معجزات و کرامات جاری رہے۔ ان کی موت کے بعد بھی ان کے اشعار اور اقوال سینہ بہ سینہ چلتے رہے۔ کرامات ہر جگہ پھیلتی گئیں۔ تمام اناطولیہ میں ان کی شہرت پہنچ گئی۔ سب نے ان کی سرپرستی کی۔ ان کی قبر پر مزار بنایا۔ اب بھی دلوں میں یونس ایمرے کے اشعار گرمائش پیدا کر رہے ہیں اور سائلوں کو راہِ حق دکھانے میں اہم کردار ادا کر رہے ہیں۔

اس دور میں مُلّا قاسم نامی ایک شخص تھا۔ وہ لوگوں میں مقبول ہونا چاہتا تھا اور ایک ظاہری زاہد[189] تھا۔ وہ جہاں بھی جاتا یونس ایمرے سے متعلق بہت عزت و احترام سے ذکر کرتا۔ ان کے اشعار سناتا۔ انہیں زبانی یاد کرتا۔ تاہم وہ ایک جعلی زاہد تھا اور یونس ایمرے سے حسد کرتا تھا۔ ایک روز اس کے ہاتھ ایسی کتاب لگی جس میں یونس ایمرے کے تین ہزار اشعار موجود تھے۔ وہ یہ کتاب لے کر دور ایک دریا کنارے پر گیا۔ ان کے عقب میں ایک درخت تھا۔ وہ دریا کنارے بیٹھ کر اس کتاب سے شعر پڑھنے لگا۔ اس کے مطابق ان اشعار کو پسند کیے جانے کی کوئی وجہ نہیں تھی۔ اس کے مطابق یہ اشعار کم اہمیت رکھتے تھے۔ وہ اندر ہی اندر چاہتا تھا کہ لوگ یونس ایمرے کو اہمیت نہ دیں۔ ادب و تکریم نہ کریں۔

یوں اشعار پڑھتے پڑھتے اس کی نظر یونس ایمرے کے ایک ایسے شعر پر پڑھی جہاں اس کا نام قاسم لکھا ہوا تھا۔ وہ بہت حیران ہوا۔ یونس ایمرے جب حیات تھا تو وہ کبھی بھی اس سے نہیں ملا تھا۔ یونس ایمرے خود بھی مُلّا قاسم سے نہیں ملا اور نہ جانتا تھا۔ وہ کیسے کہہ سکتا تھا

189: زاہد: عبادت گزار

کہ وہ یونس ایمرے کو جانتا تھا اور انہوں نے جانتے ہوئے اس کا نام اپنے اشعار میں لکھا اور ملّا قاسم کا ذکر کیا۔ ملّا قاسم نے دوبارہ ان اشعار کو پڑھا جہاں اس کا نام آیا تھا۔

بار بار اس کلام کو جس میں اس کا نام تھا، پڑھ کر وہ بہت حیران ہوا۔ وہ بہت پریشان ہوا اور اپنے حسد سے باز رہنے کی نیت کی لیکن اب تک وہ یونس ایمرے کے بہت سے اشعار کتاب سے پھاڑ کر دریا میں پھینک چکا تھا۔ اسے اپنے کیے پر بہت ندامت تھی۔ وہ اپنے کیے پر بہت شرمندہ تھا۔ یونس ایمرے کی بڑائی اور بزرگی اس پر واضح ہو چکی تھی۔ تاہم اس دوران سینکڑوں اشعار کو وہ دریا برد کر چکا تھا۔ اس دوران یونس کی ایک اور کرامت اس کے سامنے آئی۔ جو اشعار اس نے دریا برد کیے تھے، وہ اڑ اڑ کر باہر آئے اور وہ اکٹھا کرتا رہا۔ یوں اسے سمجھ آ چکی تھی کہ یونس ایمرے کا کلام رہتی دنیا تک موجود رہے گا اور لوگ اسے پڑھتے اور گاتے رہیں گے اور دلوں کو قیامت تک گرماتے رہیں گے۔

یونس ایمرے کا مزار

یونس ایمرے نے اناطولیہ کے بہت سے علاقوں کی سیاحت کی اور طویل سفر اختیار کیا۔ لوگوں کی روحانی اور معنوی تربیت کی اور ان کی مشکلات میں کام آئے۔ لوگ ان سے محبت اور عقیدت رکھتے تھے۔ انہوں نے لوگوں کو جاہلیت سے نکالا اور ان کی راہنمائی کی۔ یہی وجہ ہے کہ پورے اناطولیہ میں آپ کے مرید اور شیدائی موجود تھے اور وہ انہیں سچا عاشقِ الٰہی سمجھتے تھے۔ وہ کسی ایک جگہ قیام پذیر نہ رہا بلکہ مختلف جگہوں پر قیام پذیر ہوا۔ اناطولیہ کی قدر شناس190 مخلوق اور لوگوں نے بھی انہیں عزت و تکریم دی۔ ان کو ولی اللہ سمجھا اور ان کی تعلیمات پر عمل کیا۔ ان کے اشعار کی ترویج کی۔ وہ اسے اپنا مربی و محسن سمجھتے تھے۔

اناطولیہ کے تقریباً تمام علاقوں میں یونس ایمرے سے منسوب مزار موجود ہیں۔ ہوسکتا ہے کہ یہ بھی یونس ایمرے کی کرامات میں سے ہو۔ بہت سے محققین نے ان کے اصلی مزار پر تحقیق کی ہے اور سالہا سال کی تحقیقات کے بعد یہ پتا چلا ہے کہ ان کا ایسکی شہر کوئے میں موجود مزار اصلی ہے۔ اس کے بعد سارے کوئے کا نام یونس ایمرے کوئے سے تبدیل کر دیا گیا۔ تاہم بعض دستاویزات کے مطابق بعض محقق اور مورخ ان کا مزار قارامان میں بھی بتاتے ہیں۔

اتنی زیادہ جگہوں پر ان کے مزارات کی موجودگی اس بات کا مظہر ہے کہ اناطولیہ کے لوگ ان سے کس قدر عقیدت رکھتے ہیں۔ وہ انہیں اپنا مرشد و پیر مانتے ہیں اور انہیں اپنے قریب سمجھتے ہیں۔ شاید یہی وجہ ہے کہ انہوں نے بہت سی جگہوں پر یونس ایمرے کے مزارات بنا رکھے ہیں۔

190: قدر شناس: قدر جاننے والا

یونس ایمرے اور ان کا دور

ترک تصوف اور لوک ادب میں یونس ایمرے کا مقام بہت بلند ہے۔ وہ ایک عظیم لوک شاعر اور صوفی گردانے جاتے ہیں۔ ان کا مقام و مرتبہ ہر گزرتے دن کے ساتھ نئی جہتوں کو چھو رہا ہے۔

ان کے اشعار ترک کلاسیکل ادب کے شاہکار گردانے جاتے ہیں۔ وہ اس دور میں زندہ تھے جب سلجوقوں کا دور تھا اور منگول آندھی پوری دنیا میں چلی ہوئی تھی۔ اناطولیہ میں بھی منگولوں کے حملے جاری تھے اور وہ سلجوقوں کی طاقت کو کمزور کر رہے تھے۔ یہ ابتلاء اور آزمائش کا دور تھا۔ اس کے علاوہ سلجوقوں کی سلطنت آخری ہچکولے کھا رہی تھی اور مختلف خطوں میں ان کے خلاف بغاوتیں سر اٹھا رہی تھیں۔ جاگیردار اور سردار اپنی اپنی خود مختاری اور آزادی کا اعلان کر رہے تھے۔ آپ اسی دور میں زندہ تھے۔

1243ء میں قوسہ داغ کی جنگ میں منگولوں نے سلجوقوں کو شکست دی اور سیواس، کیسری اور ارزنجان جیسے علاقوں پر قبضہ کر لیا۔ ان شہروں میں منگولوں نے خوب لوٹ مار کی اور تباہی مچائی۔ ظلم کے پہاڑ توڑے گئے اور عوام پر بھاری ٹیکس عائد کر دیا۔ لوگ بے حد پریشان تھے۔ 1256ء میں قونیہ کے قریب اناطولیہ میں دوسرا بڑا معرکہ ہوا اور بہت تباہی ہوئی۔ منگولوں کے جانے کے بعد مقامی بغاوتوں نے سر اٹھانا شروع کر دیا۔ ان میں سے جمری اور بابوں کی بغاوتیں قابلِ ذکر ہیں جن کی وجہ سے مقامی باشندوں کو بے حد نقصان اٹھانا پڑا۔ سلجوقوں میں اقتدار کی جنگ چھڑ گئی اور بھائی بھائی کے خلاف برسرِ پیکار ہو گیا۔ ان بغاوتوں اور لڑائیوں کی وجہ سے اناطولیہ میں بہت تباہی مچی اور یہاں کے سیاسی، سماجی اور معاشی ڈھانچے کو شدید دھچکا لگا اور لوگ کسمپرسی کی زندگی بسر کرنے لگے۔

یونس ایمرے نے بھی اس دور کی عکاسی اپنے شعروں میں کی ہے اوراس دور کے حالات سے پردہ اٹھایا ہے۔

سلجوقوں کے زوال کے بعد سلطنت عثمانیہ نے جنم لیا۔ قحط وخشک سالی کا دور دورہ تھا۔ ابتلاء اور آزمائش کے اس دور میں اناطولیہ کے لوگوں کو مولانا جلال الدین رومیؒ، حاجی بکتاش ولیؒ، یونس ایمرےؒ اور بعد میں حاجی بیرم ولیؒ نے صبر وشکر کی تلقین کی اور تسلی دی۔ ان عظیم صوفیاء اور شاعروں نے لوگوں کو ہمت اور حوصلہ دیا۔ یوں اس ابتلاء اور آزمائش کے دور میں اناطولیہ کے لوگوں میں صوفیاء اور بزرگان کی وجہ سے جینے کا حوصلہ پیدا ہوا اور وہ ان صوفیاء کے ارد گرد جمع ہو گئے اور پُر امن زندگی بسر کرنے لگے اور آرام وسکون سے ازسرنو زندگی کا آغاز کیا۔

دسویں صدی میں اوزخان قبیلے کے لوگ آذربائیجان کے قرب و جوار میں آباد ہوئے۔ وقت کے ساتھ ساتھ ان کی تعداد بڑھتی گئی۔ آہستہ آہستہ چھوٹے چھوٹے گروہوں کی شکل میں وہ اناطولیہ ہجرت کرتے گئے۔ بعد میں 1071ء میں ملازگرت میں سلطان الپ ارسلان نے بازنطینیوں کو شکست دی اور یوں اناطولیہ کے دروازے ترکوں پر کھول دیئے۔ سلطان الپ ارسلان کی فتح کے بعد ترکوں کے مختلف قبائل اناطولیہ میں جوق در جوق داخل ہونے لگے۔ ان قبائل میں سالتوک لر، جنگجولر اور دانشمندی لر شامل تھے۔ اناطولیہ میں گیارہویں صدی میں سلجوقی سلطنت کے قیام کے بعد وسطی ایشیاء سے دیگر ترک قبائل بھی اناطولیہ ہجرت کر کے آتے گئے۔ وسطی ایشیاء سے خراسان کے راستے سے ترک قبائل اناطولیہ داخل ہوئے اور بعد میں بھی ان کی ہجرتیں جاری رہیں۔

اس دوران احمد یسویؒ کے تربیت یافتہ درویش بھی خراسان کے راستے اناطولیہ میں وارد ہوئے اور منگولوں کے ظلم و استبداد سے بچ کر یہاں پناہ گزین ہوئے۔ ان درویشوں نے یہاں تصوف کو پھیلایا۔ یوں احمد یسویؒ کے شاگرد اور درویشوں نے اس خطے میں تصوف کی ترقی اور ترویج میں اہم کردار ادا کیا۔

جب منگولوں نے ایران اور خوارزم پر حملہ کیا تو یہاں کے مختلف قبائل بھی ہجرت کر کے اناطولیہ آ گئے۔ ان میں بھی درویش اور صوفیاء شامل تھے۔ ان میں سے اکثر نے اناطولیہ کے مشرق میں آباد ہونے کو ترجیح دی۔ یوں اناطولیہ میں ترک آبادی میں اضافہ ہوتا گیا اور یوں سلجوقی سلطنت کی سرحدوں کی حفاظت میں آسانی پیدا ہوتی گئی۔

ان ہجرتوں کی وجہ سے جہاں اناطولیہ میں ترک آبادی میں اضافہ ہوا وہاں ترک کلچر اور ثقافت بھی اس خطے میں متعارف ہوئی۔ رسم و رواج اور ترک تہذیب نے اناطولیہ کے مختلف علاقوں میں پنپنا شروع کر دیا۔ تصوف سے یہ خطہ آشنا ہوا۔ مختلف علاقوں میں تکیے، خانقاہیں اور درگاہیں بننا شروع ہوئیں۔ اسلام کی ترویج ہوئی۔ سرحدیں محفوظ ہوتی گئیں۔ درویشوں کے ساتھ ساتھ کاریگر، صنعت کار، تاجر اور پیشہ ور ماہرین نے بھی اس خطے کا رخ کیا۔ کسانوں نے زمینوں کو آباد کرنا شروع کیا۔ کھیتی باڑی اور مویشی پالنا شروع ہوا۔ مختلف ہنر یہاں متعارف کرائے گئے۔ ایمان کی روشنی سے یہ خطہ منور ہونا شروع ہوا۔ یہاں کے ترک قبائل سرحدوں کی حفاظت کے ساتھ ساتھ یہاں کی تہذیب و تمدن کے فروغ میں بھی اہم کردار ادا کرنے لگے۔ مختلف فصلیں اگنا شروع ہو گئیں۔ کاریگروں نے یہاں اپنے مختلف ہنر آزمائے۔ تعمیرات کا آغاز ہوا۔ نئی آبادیوں، قصبات اور دیہاتوں کا قیام عمل میں آیا۔ یہاں علم و عرفان کے سوتے پھوٹنے لگے۔ اسلام کی ترویج اور تبلیغ ہونے لگی۔ یوں مہاجر قبائل نے اس حصے کی قسمت جگا دی۔

ان ہی درویشوں کے ذریعے اناطولیہ کا خطہ اسلام اور تصوف سے متعارف ہوا اور اسلام کی ترویج و اشاعت کا کام یہاں شروع ہوا۔

منگولوں کے حملوں سے بچ کر اناطولیہ آنے والے درویشوں نے حاجی بکتاش ولیؒ اور مولانا جلال الدین رومیؒ کے گرد ڈیرے ڈال لیے اور یہاں جمع ہو گئے۔ یوں سلجوقوں کے دور میں تصوف یہاں پھلا پھولا اور مختلف سلسلے قائم ہوئے۔ ان میں سلسلۂ مولویہ، سلسلۂ بکتاشی اور دیگر سلسلے اناطولیہ میں پھلے پھولے۔

وسطی ایشیاء سے آنے والے ان درویشوں نے یہاں اسلام کی اشاعت وتبلیغ میں بنیادی اور اہم کردار ادا کیا۔ معماروں نے اپنی تعمیرات کے ذریعے اس فن کو یہاں متعارف کرایا۔ اسلامی تہذیب وتمدن کا یہاں فروغ ہوا۔ دوسری طرف منگولوں کے ظلم و استبداد سے بچ کر آنے والوں کے لیے اناطولیہ ایک گوشۂ عافیت کا درجہ اختیار کر گیا۔

یوں اناطولیہ آنے والے مہاجروں، غازیوں، ابدالوں، درویشوں، حاجیوں اور دیگر ماہرین اور کاریگروں نے اس خطے کے معنوی اور مادی ترقی میں کلیدی کردار ادا کیا۔ اس خطے کو خوشحالی کی طرف گامزن کیا۔ انہوں نے عام لوگوں کو حوصلہ دیا۔ درویشوں اور سیاحوں نے یہاں اپنے ہاتھ سے روزی کمانے کی اہمیت کو اجاگر کیا۔ ان ہی مہاجروں کی وجہ سے یہاں کھیتی باڑی، دست کاری، کاری گری، معدنیات، تعمیرات اور تجارتی تنظیمیں پروان چڑھیں اور اس خطے کی خوشحالی میں اہم کردار ادا کیا۔

نتیجتاً ایک طرف جہاں اس خطے میں ظلم واستبداد روا رکھا گیا وہاں وسطی ایشیاء سے آنے والے ان مہاجروں نے اس خطے میں صنعت وحرفت، فنون، علم وحکمت اور عرفان، تہذیب و تمدن، شہریت، سماجیات اور دیگر ہنر اور کام رواج پذیر ہوئے۔ ان کاموں سے اس خطے کو ایک نیا عروج نصیب ہوا۔

اسی دور میں احمد یسویؒ کے درویشوں کی وجہ سے اناطولیہ میں صوفی ادب کی بنیاد رکھی گئی اور اسے ترقی نصیب ہوئی۔

یوں تیرہویں صدی عیسوی میں اس خطے میں صوفی لوک ادب پروان چڑھا۔ دین اسلام کو اس خطے میں فروغ ملا۔ سادہ زبان کی وجہ سے لوگوں کو صوفی شاعروں اور لوک ادب کو سمجھنے میں آسانی ہوئی۔ یوں کلاسیکل، لوک اور صوفی ادب سے لوگوں میں شعور اجاگر ہوا۔

اس طرح کے حالات و واقعات میں یونس ایمرے نے آنکھ کھولی۔ انہوں نے اپنے اشعار اور پیغام سے لوگوں کو اللہ، دین اور اسلام کی طرف دعوت دی۔ معاشرے میں پیار، محبت اور بھائی چارے کو فروغ دیا۔ یہی وجہ ہے کہ لوگوں نے انہیں پسند کیا اور اپنی عقیدت کا

اظہار کیا۔ انہوں نے اپنے شعروں اور تبلیغ کے ذریعے اتحاد، اتفاق اور اخوت و مساوات کا درس دیا۔

سبھی مخلوق کو ایک ہی نظر سے نہ دیکھنے والا
مدرس بھی ہو تو حقیقت سے نابلد ہو گا

ہم کسی سے کوئی کینہ و بغض نہیں رکھتے، اغیار بھی ہمارے دوست ہیں
جو دوسروں سے کینہ و بغض نہیں رکھتا وہ ہمارا دوست ہے

میں یہاں محبت کا دعویٰ لے کر آیا ہوں، میرا کام محبت ہے
دوستی میرے دل میں پنہاں ہے میں لوگوں کے دل جیتنے کے لیے آیا ہوں

حیات یونس ایمرے، اپنے کلام و افکار کے تناظر میں

تیرہویں صدی سے اب تک سات سو سال گزرنے کے باوجود یونس ایمرے کا تخلیق کردہ ادب تر و تازہ ہے اور لوگوں کی اس میں دل چسپی دیدنی ہے۔ ترک عوام نے انہیں بے پناہ پذیرائی دی۔ ان کے اشعار آج بھی زبان زد عام و خاص ہیں۔ ان کا کلام آج بھی لوگوں کی زبان پر ہے۔ سب نے ان کی پیروی کی۔ ان کے اشعار اور اقوال لوگوں کے دلوں اور حافظے میں محفوظ ہیں۔ ترک کلاسیکل، صوفی اور لوک ادب میں آپ کا اسم گرامی سرفہرست ہے۔

صرف اناطولیہ میں ہی نہیں بلکہ آپ کی شہرت چہار دانگ عالم میں ہے۔ 1991ء میں اقوام متحدہ کے ادارے یونیسکو نے اس سال کو ''سال یونس ایمرے'' قرار دیا۔ اس سال آپ کے کلام اور خیالات و افکار پر مختلف پروگرام اور سیمینارز منعقد ہوئے۔

تاہم یونس ایمرے کے بارے میں کوئی واضح معلومات دستیاب نہیں ہیں۔ ان کی زندگی، حالات و واقعات اور تعلیم و تربیت کے بارے میں مختلف خیالات اور آراء پائی جاتی ہیں۔

ان کی حیات اور افکار کے بارے میں معلومات محدود ہیں۔ ان کے خیالات زیادہ تر ان کے اشعار سے واضح ہوتے ہیں۔ ان کے کلام سے ہمیں ان کی ذات کے بارے میں آگہی ملتی ہے۔

تاریخ میں ہمیں ان کے بارے میں زیادہ معلومات صوفی ادب اور خاص طور پر ان کے مرشد شیخ طاپتوک ایمرے کے توسط سے سامنے آتی ہیں۔ آپ اسی سلسلے کی ایک کڑی ہیں جو احمد یسویؒ، حاجی بکتاش ولیؒ اور طاپتوک ایمرے سے شروع ہوتی ہے۔

جب حاجی بکتاش ولیؒ خراسان کے راستے سے اناطولیہ آئے تو اس وقت بھی اناطولیہ میں بہت سے ولی ذات بزرگ موجود تھے۔ حاجی بکتاش ولیؒ ان تمام اناطولین بزرگوں سے ملنا چاہتے تھے۔ ان سے جان پہچان حاصل کرنا چاہتے تھے۔ انہوں نے سب کو اپنے ہاں دعوت دی۔ ان میں سے ایمرے نامی بزرگ جوان دنوں دریائے سقاریہ کے قریب آباد تھے، وہ اس دعوت میں نہیں آئے۔

حاجی بکتاش ولیؒ نے اپنے ایک درویش ساری اسماعیلؒ کو ان کے ہاں بھیجا تاکہ وہ انہیں دعوت دے سکے اور شرکت پر اصرار کرے اور استفسار کرے کہ وہ پہلی دعوت میں کیوں تشریف نہیں لائے۔ حاجی بکتاش ولیؒ کے سوال کے جواب میں ایمرے نے جواب دیا کہ ایک دن ولی اللہ کی مجلس میں پردے کے پیچھے سے ایک ہاتھ نے انہیں ان کا نصیب، قسمت اور ولایت عطا کر دی ہے۔ اس مجلس میں تمام اولیاء موجود تھے اور ان میں کوئی حاجی بکتاش ولیؒ نامی ولی موجود نہیں تھا جسے وہ جانتے ہوں۔

ایمرے کا یہ جواب سن کر حاجی بکتاش ولیؒ نے کہا:

''اے ایمرے کیا آپ اس ہاتھ کو پہچان سکتے ہیں جس نے آپ کو ولایت عطا کی؟''

ایمرے نے کہا:

''پہچان سکتا ہوں۔ اس ہاتھ کے نیچے ایک سبز نشان تھا۔ میں اس نشان کو کبھی بھول نہیں سکتا۔'' حاجی بکتاش ولیؒ نے اپنا ہاتھ پھیلایا۔ اس کے نیچے سبز نشان تھا۔

ایمرے نے وہ ہاتھ اور نشان پہچان لیا۔ یہ ہاتھ حاجی بکتاش ولیؒ کا تھا۔ اسی ہاتھ کے ذریعے سے ہی انہیں ولایت نصیب ہوئی تھی۔ اسے معلوم ہو گیا کہ وہ اپنے مرشد کے سامنے ہیں۔ ایمرے نے جھک کر حاجی بکتاش ولیؒ کی قدم بوسی کی اور تین دفعہ ''اے میرے طاپتوک بادشاہ۔'' کہہ کر پکارا۔

اس دن کے بعد ایمرے کا نام طاپتوک ایمرے پڑ گیا۔

طاپتوک ایمرے کی رہائش کے قریب ہی ایک گاؤں تھا جسے سارے کوئے کہا جاتا تھا۔ وہاں سارے کوئے میں ایک یونس نامی غریب و مفلس شخص رہتا تھا۔

ایک سال سارے کوئے میں بہت شدید اور سخت قحط آ گیا۔ اسی قحط کی وجہ سے بچے اور بوڑھے مرنا شروع ہو گئے۔

موت و حیات کی اس کشمکش میں یونس نے حاجی بکتاش ولیؒ نامی بزرگ سے مدد طلب کرنے کا فیصلہ کیا۔ اس وقت حاجی بکتاش ولیؒ کی کرامات مشہور تھیں۔ یونس سے رہا نہ گیا اور وہ حاجی بکتاش ولیؒ سے غلہ اور گندم لینے پہنچ گیا۔

ان دنوں روایت تھی کہ کوئی خالی ہاتھ کسی کے پاس نہیں جاتا تھا۔ کوئی تحفہ یا ہدیہ ضرور لے جاتا تھا۔ تاہم قحط کی وجہ سے کوئی قیمتی چیز یا ہدیہ دستیاب نہیں تھا جو حاجی بکتاش ولیؒ کی خدمت میں پیش کیا جاتا۔ راستے میں ایک جنگل پڑا اور یونس نے وہاں سے جنگلی پھل توڑ کر اپنے پاس رکھ لیے تاکہ خالی ہاتھ نہ جائے اور یہ پھل حاجی بکتاش ولیؒ کو تحفتاً پیش کر سکے۔ کئی دن کی طویل مسافت کے بعد وہ حاجی بکتاش ولیؒ کے دیار سولوجا کارا ہویوک پہنچ گیا۔

سولوجا کارا ہویوک پہنچ کر وہ سیدھا حاجی بکتاش ولیؒ کی درگاہ پر گیا۔ اس نے اس کامل ولی کی قدم بوسی کی اور جنگلی پھلوں کا ہدیہ پیش کیا۔ اپنا اور گاؤں کا احوال بیان کیا اور گاؤں کے لوگوں کے لیے گندم اور غلہ کی درخواست کی۔

حاجی بکتاش ولیؒ نے یونس کے اندر کا جوہر اور قدر پہچان لی اور ان کے اندر کے درویش اور حال کو جان گئے۔ حاجی بکتاش ولیؒ نے یونس سے پوچھا:

''غلہ چاہیے یا روحانیت؟''

یونس کے سامنے قحط زدہ لوگوں کے چہرے تھے، اسے روحانیت کا کیا پتا، لوگ بھوکے تھے، لہٰذا اس نے غلے کی درخواست کی۔

حاجی بکتاش ولیؒ نے اسے اپنی درگاہ پر چند دن مزید ٹھہرنے کا حکم دیا اور ان کی مہمان

نوازی کی۔ تاہم یونس بے صبری سے غلے کا منتظر تھا۔ وہ غلہ لے کر فوری گاؤں جانا چاہتا تھا اور لوگوں کی بھوک مٹانا چاہتا تھا۔

حاجی بکتاش ولیؒ نے دوبارہ یونس سے پوچھا:

''اگر چاہو تو پھلوں کے بیجوں جتنی ہی روحانیت لے لو۔''

اس کے باوجود یونس نے غلہ لینے پر اصرار کیا۔

درویشوں نے ان کی خواہش کے مطابق غلہ دے دیا۔ یوں یونس روانہ ہو گیا۔ تاہم جب راستے میں اسے سمجھ آئی تو وہ واپس آ گیا۔ درگاہ پر اپنا ماتھا ٹیکا اور روحانیت کا طلب گار ہوا۔

اس مرتبہ حاجی بکتاش ولیؒ نے اسے یوں اطلاع بھجوائی:

''آپ کی چابیاں طاپتوک ایمرے کے پاس ہیں۔ اگر خواہش ہے تو وہاں چلے جاؤ۔''

یونس غلہ سارے کوئے لے گیا اور وہاں تقسیم کر دیا۔ وہ وقت ضائع کیے بغیر طاپتوک ایمرے کی درگاہ کی طرف روانہ ہو گیا۔ انہیں حاجی بکتاش ولیؒ کا سلام پہنچایا اور اپنا قصہ بیان کیا۔

طاپتوک ایمرے نے یونس کو سن کر کہا:

''خوش آمدید! آپ کے بارے میں معلومات ہم تک پہنچ چکی ہیں۔ محنت کریں، روزی کمائیں اور اپنا نصیب پائیں۔''

یونس نے دل و جان سے کہا:

''جو آپ کا حکم، سب کام کرنے کو تیار ہوں۔''

طاپتوک ایمرے نے اسے پہاڑوں اور جنگلوں سے لکڑیاں تلاش کر کے لانے کا حکم دیا۔ یونس نے چالیس سال لکڑہارے کا کام کیا۔ روزانہ لکڑیاں اپنی پشت پر رکھتا اور درگاہ تک لاتا۔ ایک دن بھی ٹیڑھی اور خراب لکڑی نہ لایا۔ یہ صورت حال دیکھ کر طاپتوک ایمرے نے

یونس سے پوچھا:

''کیا جنگلوں میں ٹیڑھی لکڑیاں نہیں ہیں؟''

یونس نے جواب دیا:

''اے بادشاہ! موجود ہیں لیکن آپ کی درگاہ پر ٹیڑھی لکڑی کا کیا کام، وہ بھی یہاں سیدھی ہو جاتی ہے۔''

یہ سن کر طاپتوک ایمرے بہت خوش ہوئے۔

یوں کئی سال بیت گئے۔ ایک دن درگاہ پر ولی اور سب درویش طاپتوک ایمرے کے حضور حاضر ہوئے۔ ان میں یونس لکڑہارے کے علاوہ ایک اور یونس گوئیندا نامی شخص بھی موجود تھا۔ اس کی آواز بہت سریلی تھی۔ وہ بہت خوب صورت آواز میں حمد وثناء پڑھتا تھا۔

وقت گزرنے کے ساتھ طاپتوک ایمرے نے یونس گوئیندا کو یوں کہا:

''چلو اپنی سریلی آواز میں حمد وثناء بیان کرو۔''

تاہم یونس گوئیندا کی آواز حلق سے باہر نہ آسکی۔ طاپتوک ایمرے کے اصرار کے باوجود یونس گوئیندا کی زبان نہ ہل سکی۔ یہ صورت حال دیکھ کر طاپتوک ایمرے نے یونس لکڑہارے کی طرف دیکھا اور کہا:

''چلو یونس! وقت آن پہنچا ہے۔ آپ کا قفل کھل چکا ہے۔ حاجی بکتاش ولیؒ کا حکم امر ہو گیا ہے۔ چلو، بولو۔''

اس دن کے بعد یونس کی آنکھوں کے سامنے پردہ ہٹ گیا۔ دل صاف ہو گیا۔ تجلی الٰہی اس کے دل پر آن پڑی۔ اسی دن کے بعد یونس کی زبان پر کلمات الٰہی جاری ہو گئے۔ ان کی زبان میں شیرینی اور حلاوت پیدا ہو گئی۔

ایک دوسری روایت کے مطابق:

''طاپتوک ایمرے نے یونس کو سیاحت کا حکم دیا۔ یونس، تیس یا چالیس سال مختلف علاقوں میں گھومتا پھرتا رہا۔ جب وقت پورا ہو گیا تو واپس آ گیا۔ طاپتوک ایمرے کی بیگم کے پاس گیا اور پوچھا:

''کیا مرشد مجھے قبول کر لیں گے؟''

اس دوران طاپتوک ایمرے ضعیف ہو چکے تھے اور ان کی بینائی چلی گئی تھی۔ طاپتوک ایمرے کی بیگم نے اس سے کہا:

''جاؤ! دروازے کے قریب سو جاؤ۔ جب ان کا پاؤں آپ سے ٹکرائے گا تو وہ پوچھیں گے یہ کون ہے؟ میں کہوں گی یہ یونس ہے۔ اگر وہ کہیں کہ کون سا یونس؟ تو سمجھ جانا کہ چلّہ ختم نہیں ہوا۔ سفر باقی ہے اور اگر یہ کہیں کہ ہمارا یونس تو سمجھ جانا کہ خوشخبری ہے، تمہارا کام ہو گیا ہے۔ پھر قدم بوسی کرنا۔

اگلے دن یونس صبح کی نماز کے وقت دروازے کے قریب لیٹ گیا اور شیخ کا انتظار کرنے لگا۔ جب طاپتوک ایمرے کا پاؤں اس سے ٹکرایا اور کہا:

''ہمارا یونس۔''

یہ سن کر وہ اپنے مرشد سے لپٹ گیا۔ آخر کار اس کا قفل کھل گیا تھا۔ زبان پر کلمۂ حق جاری ہو گیا۔ اب وہ شعر و شاعری کرنے لگے اور حمد و ثناء بیان کرنے لگے۔

ایک تیسری روایت کے مطابق:

لکڑہارا یونس تیس سال تک طاپتوک ایمرے کی درگاہ پر لکڑیاں لا کر اکٹھی کرتا رہا اور اپنے شیخ کی خدمت کرتا رہا۔ لکڑیوں کے نشانات ان کی پشت پر واضح ہونا شروع ہو گئے، تاہم انہوں نے کسی کو نہیں بتایا۔

طاپتوک ایمرے، یونس سے بہت پیار کرتے تھے۔ اسی لاڈ پیار کی وجہ سے کچھ درویش ان سے حسد کرنے لگے اور ان پر یوں الزام تراشی کرنے لگے:

''یونس، طاپتوک ایمرے کی بیٹی سے عشق کرتا ہے اس لیے اتنی مشکل خدمات سرانجام دے رہا ہے۔''

یہ باتیں طاپتوک ایمرے تک بھی پہنچ گئیں۔

طاپتوک کو یونس کے احوال کا پتا تھا۔ ایک روز شیخ نے یونس سے استفسار کیا کہ ''وہ درگاہ پر سیدھی لکڑیاں ہی کیوں لاتا ہے؟'' کے جواب میں یونس نے کہا:

''جو سیدھا نہیں ہے، سچا نہیں ہے، اس کا اس در پر کیا کام؟''

یہ سن کر طاپتوک ایمرے نے کہا:

''اے میرے یونس! کہو، کہو۔''

اس کے بعد یونس کی زبان پر کلمۂ حق جاری ہو گیا اور شعر و شاعری کرنے لگے۔ حمد و ثناء بیان کرنا شروع کر دی۔ اس کے بعد طاپتوک ایمرے نے اپنی بیٹی کا رشتہ بھی یونس ایمرے کو دے دیا تاکہ دیگر درویش جھوٹے ثابت نہ ہوں۔ اس لڑکی کی آواز بہت خوب صورت تھی۔ کہا جاتا ہے کہ بہتا ہوا پانی اس کی تلاوت سن کر رک جاتا اور پرندے ٹھہر جاتے۔

چوتھی روایت کے مطابق:

یونس نے تیس سال دل و جان سے درگاہ پر خدمات سرانجام دیں۔ تاہم انہیں علم و عرفان نصیب نہ ہوا۔ یہ سوچ کر یونس بہت اداس اور افسردہ ہوا اور اپنی قابلیت پر افسوس کرنے لگا۔ وہ اداس اور مایوس ہو کر درگاہ سے چلا گیا اور پہاڑوں اور جنگلوں کا رخ کر لیا۔

ایک روز غار میں ان کا سامنا سات درویشوں سے ہوا۔ وہ ان کا دوست بن گیا۔ ہر رات ان سات درویشوں میں سے کوئی ایک دعا کرتا اور اس دعا کی برکت سے آسمان سے دسترخوان نازل ہو جاتا۔ آخرکار ایک روز یونس کی باری آ گئی۔ اس نے یوں دعا کی:

''اے رب العزت! مجھے شرمندہ مت کرنا۔ یہ درویش جن کا نام لے کر کھانا طلب کرتے ہیں، میں بھی اسی کے نام سے آپ سے کھانے کا طلب گار ہوں۔''

اس دعا کے بعد ایک کی بجائے دو دسترخوان اترے۔ ساتوں درویش حیرت زدہ ہو گئے اور کہنے لگے:

''آپ نے کس کا نام لے کر دعا کی تھی؟''

یونس نے کہا:

''پہلے آپ بتائیں۔''

درویشوں نے کہا:

''ہم نے طاپتوک ایمرے کے در پر تیس سال خدمت کرنے والے کے واسطے سے دعا کرتے تھے۔'' یہ سن کر یونس فوراً واپس مڑ گئے۔ مرشد کی بیگم کے پاس گئے اور ان سے درخواست کی کہ طاپتوک ایمرے انہیں معاف کر دے۔

شیخ کی بیگم نے کہا:

''آپ کے شیخ کی آنکھوں کی بینائی چلی گئی ہے۔ جاؤ اور اس راستے پر سو جاؤ جہاں سے تمہارے شیخ صبح اٹھ کر نماز کے لیے وضو کرتے ہیں۔ جب ان کا پاؤں آپ کو لگے گا تو پوچھیں گے کہ یہ کون ہے؟ میں کہوں گی یونس۔ اگر وہ کہیں کہ کون سا یونس تو سمجھ لینا کہ تمہارا چلّہ مکمل نہیں ہوا۔ پھر چلے جانا اور مزید چلّہ کشی کرنا۔ تاہم اگر کہیں کہ ہمارا یونس تو سمجھ جانا تمہارے لیے خوشخبری ہے۔ انہوں نے تمہیں معاف کر دیا ہے۔''

جب طاپتوک ایمرے نے کہا:

''کیا ہمارا یونس؟''

تو یہ سن کر یونس مرشد کے پاؤں میں گر گیا اور قدم بوسی کی اور انہیں معاف کر دیا گیا۔

ایک دیگر روایت کے مطابق:

یونس کو اپنے مقام و مرتبے کا پتا چل گیا تھا۔ اس نے اپنے شیخ کے مقام و مرتبے کی تصدیق کے لیے واپس آنے کا فیصلہ کیا۔ وہ درگاہ پر واپس آ گیا۔ شیخ کی بیگم کے مشورے پر درگاہ کے دروازے پر لیٹ گیا اور جب شیخ نے کہا:

"ہمارا یونس؟"

تو یہ سن کر شیخ کے قدموں میں گر گیا اور معافی کا طلب گار ہوا۔ طاپتوک ایمرے نے کہا:

"تمھیں اپنے مقام و مرتبے کا پتا چل چکا ہے لہٰذا اب یہاں مت ٹھہرو۔ میں جہاں اپنا عصا پھینکوں وہاں جا کر آباد ہو جاؤ اور موت تک وہیں رہو۔"

یونس پانچ سال مرشد کے پھینکے ہوئے عصا کو تلاش کرتا رہا۔ آخر کار پانچ سالوں بعد اسے یہ عصا سارے کوئے میں ملا۔ یونس نے وہاں اپنے ڈیرے جما لیے اور آخری سانس تک وہی رہا۔

بعض روایات اور مؤرخین کے مطابق یہ عصا یونس خود تھا۔ مرشد کے مطابق اسے خود کو ڈھونڈنا تھا اور جہاں وہ خود کو تلاش کر لیتا، وہیں اس نے ڈیرے ڈالنے تھے۔ وہیں لوگوں پر اپنا آپ ظاہر کرنا تھا اور اپنے آپ کو پانا تھا۔

یونس ایمرے اپنی سیاحت کے دوران قونیہ بھی تشریف لے گئے۔ وہاں مولانا جلال الدین رومیؒ اور ان کے بیٹے سلطان ولد سے ملے۔ یونس نے مثنوی مولانا رومیؒ کے بارے میں کہا:

"آپ نے اسے بہت طوالت دی ہے۔ اگر آپ کی جگہ میں ہوتا، مختصر لکھتا۔"

ایک دوسری روایت کے مطابق یونس ایمرے کے بارے میں مولانا جلال الدین رومیؒ نے کہا:

"آج تم جس منزل پر ہو، اس ترکمن استاد کی وجہ سے ہو اور اس مقام پر پہنچ چکے ہو

جہاں پہنچنا چاہتے تھے۔"

قونیہ میں یونس ایمرے کی دوستی مولانا کے بیٹے سلطان ولدؒ سے ہوگئی۔ دونوں نے مل کر مولانا سے تحصیلِ علم کیا۔ جب مولانا کی وفات ہوئی تو یونس ایمرے کو شدید صدمہ ہوا۔ وہ کئی روز تک روتے رہے۔ مولانا کے مزار پر ایک عام سے مزدور کی طرح کام کیا۔ وہ نیچے سے "حق اللہ" کہہ کر اینٹ اٹھاتے، ہوا میں اچھالتے۔ وہ اینٹ یا پتھر کچھ دیر ہوا میں معلق رہتا اور پھر واپس اپنی جگہ پر جا کر فٹ ہو جاتا۔ ایک دن مزار کا معمار وہاں آیا اور یونس ایمرے کے کمالات دیکھ کر حیران رہ گیا اور یونس سے پوچھا:

"تم کون ہو؟"

اس دوران یونس کی پھینکی ہوئی اینٹ ہوا میں معلق ہو کر نیچے زمین پر آ گری اور ٹوٹ گئی۔ یونس کی کرامت ظاہر ہو چکی تھی۔ وہ قونیہ سے روانہ ہوگیا۔ اس نے سلطان ولد کی دست بوسی کی اور اجازت لے کر وہاں سے چلا گیا۔ سلطان ولد نے اس سے کہا:

"جاؤ! یونس جاؤ۔ مزار نہیں، لوگوں کے دلوں کی تعمیر کرو۔"

یہ کہہ کر یونس کو جانے کی اجازت دے دی۔

یونس ایمرے کی زندگی سے متعلق اور بھی بہت سے واقعات اور ان کا کلام ہے، تاہم ہمیں ان کے کلام کی طرف متوجہ ہونا چاہیے۔

جب یونس مرشد کی درگاہ پر لکڑیاں لانے کا کام کرتا تھا تو ان ہی دنوں میں سے ایک دن انہیں جنگل میں لکڑیاں اکٹھی کرتے کافی دیر ہوئی۔ شام ہو چکی تھی۔ مجلس میں شرکت بھی کرنا تھی۔ اندھیرا چھا چکا تھا۔ لکڑیوں کو گٹھے میں باندھنے کے لیے رات کے اندھیرے میں رسّی گم ہوگئی۔ کوششوں کے باوجود رسّی نہ ملی۔ اس دوران ایک سانپ اپنی بل سے نکل کر یونس کی طرف آتا دکھائی دیا۔ یونس کے پاس وقت کم تھا۔ یونس نے سانپ سے لکڑیاں باندھ لیں اور

جلدی جلدی لکڑیاں پشت پر رکھ کر واپس درگاہ کی طرف آ گیا۔

یہ صورت حال دیکھ کر طاپتوک ایمرے نے یونس سے کہا:

"اے عظیم یونس، اے عظیم یونس! تم نے ایک کیڑے کو اپنا خدمت گار بنا لیا ہے۔ ایک کھال میں دو شیر نہیں سما سکتے۔ اب تم درگاہ سے کسی دوسری جگہ چلے جاؤ۔"

کہا جاتا ہے کہ یونس نے تین ہزار اشعار کہے۔

یہ اشعار ایک کاپی یا رجسٹر میں لکھے ہوئے تھے۔ یونس ایمرے کی وفات کے کئی سالوں بعد یہ رجسٹر مُلّا قاسم کے ہاتھ لگا۔ مُلّا قاسم ایک نقلی مُلّا تھا۔ مُلّا نے یہ رجسٹر لیا اور دریا کے کنارے بیٹھ کر ان شعروں کو پڑھنا شروع کر دیا۔ جو شعر اسے پسند نہ آئے اس نے ایک ایک کر کے جلا دیئے اور دریا میں پھینک دیئے۔ یوں ایک ہزار اشعار ختم کرنے کے بعد اس نے دیکھا کہ مزید اشعار اسے ناپسند ہیں۔ وہ بھی اس نے جلا ڈالے یا دریا برد کر دیئے۔ اس دوران اس کی نظر ایک شعر پر پڑی جہاں اس کا نام مُلّا قاسم لکھا ہوا تھا۔

اپنا نام پڑھ کر مُلّا کو عقل اور ہوش آیا۔ تاہم ایک ہزار اشعار ہی اس کے پاس باقی بچے تھے۔ باقی دو ہزار پانی یا آگ میں ختم ہو گئے۔ جو ہزار رہ گئے تھے وہ اب کتابوں کی شکل میں موجود ہیں۔

یونس ایمرے کی معلوم حیات

محققین کا کہنا ہے کہ یونس ایمرے کے متعلق تمام سوانح نگاروں نے کچھ نہ کچھ حقیقت سے پردہ اٹھایا ہے۔ انہوں نے اپنی تحقیقات کے دوران یونس کے اشعار اور ان کے بارے میں مطالعہ ضرور کیا ہے۔ تاہم حالیہ دور میں بعض دستیاب دستاویزات کی رو سے یہ حقائق سامنے آئے ہیں:

''استنبول کی بایزید پبلک لائبریری کے مطابق ایک قدیم میگزین میں موجود تحریر کے مطابق یونس ایمرے 720 ہجری میں 82 سال کی عمر میں فوت ہوئے۔ اس بیان کے مطابق ان کی تاریخ وفات اور پیدائش سن عیسوی میں یوں بنتی ہے۔ پیدائش 41-1240ء تاریخ وفات 21-1320ء۔''

یونس ایمرے خراسان سے ہجرت کرنے والے خاندان سے تھے۔ انہوں نے اپنے آخری ایام سیوری حصار سے منسلک سارے کوئے کے قرب و جوار میں گزارے۔ ان کا اصل مقام سارے کوئے تھا۔ قارامان میں بھی انہوں نے کچھ اراضی حاصل کر کے وہاں اپنا تکیہ اور مسجد بنائی تھی۔

ایک روایت کے مطابق انہوں نے بہت غربت میں زندگی بسر کی اور اپنی روزی کھیتی باڑی سے حاصل کی۔

آپ کے بعض شعروں سے معلوم ہوتا ہے کہ آپ نے مدرسہ سے تعلیم حاصل کی اور آپ کو عربی اور فارسی پر عبور حاصل تھا۔

بطور سیاح آپ نے شام، آذربائیجان اور قفقاذ کے خطوں میں بھی سیر و سیاحت کی۔ اس کے علاوہ کیسری، سیواس، ماراش، تبریز، نانچی وان اور شیراز میں بھی گھومے پھرے۔ ان شہروں کی سیاحت کا پتا ان کے شعروں سے بھی لگتا ہے۔

مولانا خداوند گار نے ہم پر نظرِ کرم کر دی
ہمارا دل ان کی نظرِ کرم کا آئینہ دار ہے

اس جیسے دیگر اشعار بھی ہمیں ان کی سیاحت کے بارے میں معلومات فراہم کرتے ہیں۔

اس عظیم صوفی شاعر کے ترکی میں دس سے زائد جگھوں پر مزارات موجود ہیں۔ ان کی تفصیل درج ذیل ہے:

1- ایسکی شہر سے منسلک سارے کوئے میں جسے اب یونس ایمرے کوئے کہا جاتا ہے۔
2- قارامان میں یونس ایمرے مسجد کی صحن میں۔
3- مانیسہ سے منسلک قولا قصبہ کے ایمرے سلطان گاؤں میں۔
4- برصہ میں۔
5- ارضِ دوم کے دوتچا کوئے میں۔
6- آکسرائے میں۔
7- اسپارٹا کے کیچی بورلو قصبے کے قرب وجوار میں۔
8- افیون سے منسلک صندقلی قصبے کے ینی چائے کوئے میں۔
9- اردوشہر کے انیسہ قصبے میں۔
10- سیواس کے قریب میں سڑک کے اوپر۔

تاہم جدید تحقیق کے مطابق اصل مزار سارے کوئے میں موجود ہے۔ مندرجہ بالا مزارات میں سے اصل مزار سارے کوئے میں ہی ہے، باقی کی جگھوں پر ان کے دیگر مقامات ہیں جہاں انہوں نے قیام کیا۔ وہ قبریں بھی ان کی نہیں ہیں۔ یہ سب مقامات یہ ظاہر کرتے ہیں کہ وہ پورے اناطولیہ میں گھومے پھرے اور لوگوں میں خاصے مقبول اور معروف تھے۔ لوگ ان سے عقیدت رکھتے تھے اور ان کا احترام کرتے تھے۔ ترکوں کے دلوں میں اب بھی ان کی محبت قائم و دائم ہے اور ابد تک موجود رہے گی۔

ترک ادب وثقافت میں یونس ایمرے کا مقام اور اہمیت

اناطولیہ میں اسلام کی اشاعت اور ترک زبان کی ترویج میں یونس ایمرے کا بنیادی کردار ہے۔ یہی وجہ ہے کہ ترک کلچر اور ادب میں ان کی اہمیت اور مقام بہت بلند ہے، جس میں انہوں نے بہت اہم کردار ادا کیا اور ترک ثقافت اور زبان پر انمٹ نقوش چھوڑے۔

یونس ایمرے نے اناطولیہ کے روحانی اور معنوی ماحول پر بہت اثر چھوڑا۔ وہ ایک درویش شاعر ہیں جن کے خیالات کی بنیاد محبت اور عشق پر ہے۔ انہوں نے انسانوں میں اخوت، مساوات اور بھائی چارے کو فروغ دینے کی کوشش کی۔ انہوں نے صوفیانہ زندگی بسر کی اور دوسروں کو بھی اس کا درس دیا۔ ان کے اشعار سینہ بہ سینہ اور نسل در نسل آگے بڑھتے رہے اور ایک کلاسیکل لوک ادب کا درجہ اختیار کر گئے۔ ان اشعار نے ترک ادب اور اس خطے کے عقائد پر بہت اثر ڈالا۔

اناطولین خطے کو اسلام سے روشناس کرانے میں یونس ایمرے کا کردار بہت اہم ہے۔ انہوں نے ترک معاشرے میں حسن سلوک اور مکالمے کا آغاز کیا اور انسانوں کو ہمدردی اور حسن اخلاق کا درس دیا۔

ان کے بقول:

حق تعالیٰ کے حقیقی چاہنے والے کے لیے
یہ کائنات اور یہاں کے لوگ سب بھائی بھائی ہیں

ان کی تعلیمات سے معاشرے میں امن وسکون آیا اور معاشرے سے حرص و ہوس سے

اجتناب کرنے لگا۔ وہ ان صوفی شعراء اور بزرگان میں سے تھے جن کے سرخیل حاجی بکتاش ولیؒ، مولانا جلال الدین رومیؒ اور طاپتوک ایمرے تھے۔ اس دور کے انسان منگولوں کے ظلم و ستم سے تنگ آ چکے تھے۔ یونس ایمرے کی تعلیمات نے انہیں حوصلہ دیا۔ صبر اور شکر سکھایا اور آخرت کی زندگی پر توجہ دینے کی ضرورت پر روشنی ڈالی۔ ان کی زبان نہایت سہل اور آسان ہے۔ شیریں زبان ان کا خاصا ہے۔ موجودہ ترک زبان، ادب اور ثقافت پر ان کے نقوش رہتی دنیا تک قائم رہیں گے۔

تصوف اور یونس ایمرے

یونس ایمرے کے اشعار، افکار اور خیالات کو سمجھنے کے لیے تصوف کو سمجھنا ازحد ضروری ہے۔ تصوف کے بنیادی ماخذ قرآن و حدیث سے لیے گئے ہیں۔ یہ اسلام کے اصولوں اور افکار پر مبنی نظام ہے۔ قبول اسلام کے بعد ترکوں میں تصوف کے تصورات آئے اور انہیں اپنایا گیا۔ تصوف کے موضوعات پر اشعار اور کتب لکھی گئیں۔ یوں دینی تصوف ترک ادب میں داخل ہوا جس میں زیادہ تر تصوف کے موضوعات کو زیر بحث لایا گیا۔ وقت کے ساتھ ساتھ شاعروں اور ادیبوں نے اس میں اضافہ کیا۔

لغات میں تصوف کا مطلب دل کو اللہ تعالیٰ کے لیے وقف کرنا، دل کو پاک صاف رکھنا اور عشقِ الٰہی میں غرق ہونے کو کہتے ہیں۔ تصوف خدا کی وحدانیت اور وحدۃ الوجود پر مبنی ہے۔ حقیقی وجود صرف اللہ تعالیٰ کا ہے، باقی سب فانی ہیں۔ سب خوبیوں کا خالق اور مالک صرف اللہ تعالیٰ کی ذات ہے۔ اللہ تعالیٰ ہی سبھی خوبیوں کا مجموعہ ہے۔

تصوف کی تعلیمات کے مطابق لافانی ذات صرف حق تعالیٰ کی ہے۔ انسان فانی ہے۔ انسان کو اللہ تعالیٰ سے اپنی غلطیوں کی معافی مانگ کر اسی سے پناہ مانگنی چاہیے۔ اللہ کا قرب حاصل کرنے کے لیے ہمیں اللہ سے عشق کرنا چاہیے۔ اپنی ذات کو بھول جانا چاہیے۔ عشق ہی ایک ایسا وسیلہ ہے جس سے انسان اللہ تعالیٰ تک پہنچ سکتا ہے۔ تصوف کے ذریعے ہی انسان دیگر انسانوں اور جانوروں سے اعلیٰ مرتبے پر فائز ہوتا ہے۔ روحانی اور معنوی طور پر مضبوط انسان دوسروں سے ممتاز حیثیت اختیار کرتا ہے۔ صوفی وہ ہے جس کا دل دنیاوی آلائشوں سے پاک ہو۔ وہ کینہ، بغض، غرور، تکبر، گھمنڈ جیسی برائیوں سے دور ہوتا ہے۔ وہ نفرت، حسد، کنجوسی اور دیگر برائیوں سے مبّرا ہو کر صرف اللہ سے عشق کرتا ہے۔ وہ اعلیٰ اخلاق پر متمکن

ہوتا ہے اور انہی خوبیوں کی وجہ سے اللہ کا قرب حاصل کرتا ہے۔

اناطولیہ میں اللہ کا قرب حاصل کرنے کے لیے اور تصوف کی اشاعت اور تبلیغ کے لیے طول و عرض میں تکیے، درگاہیں اور خانقاہیں قائم ہوئیں۔ ان مراکز میں درویش اور اللہ کا قرب حاصل کرنے والے لوگوں کا اجتماع رہتا۔ یہیں لوگوں کو قرب الٰہی اور عشق الٰہی کا درس دیا جاتا تھا۔ یہاں اسلام کی بنیادی تعلیمات بھی دی جاتی تھیں۔

صوفیوں نے تصوف کے اصول وضوابط وضع کیے اور اس پر کتابیں لکھیں۔ ان صوفیوں نے اپنے کلام کے ذریعے لوگوں کے دلوں کو گرمایا اور تصوف کو اپنے الفاظ اور اشعار میں پرو دیا۔ تصوف کی تربیت پانے والے درویش کہلائے اور صوفی کامل ان کے مرشد۔

ترکوں میں سب سے پہلے تصوف کو وسطی ایشیاء میں احمد یسویؒ نے شروع کیا۔ ان کے شاگردوں اور درویشوں نے بارہویں صدی عیسوی میں تصوف کو اناطولیہ میں پھیلایا۔ یوں تصوف کا نظام اناطولیہ میں پھیلا اور معاشرے میں رچ بس گیا۔ تصوف کے ساتھ ادب، خطاطی اور میوزک نے بھی اناطولیہ میں فروغ پایا۔ ان فنون نے ترک کلچر اور ثقافت پر بھی اثر ڈالا۔

تصوف انسان کی باطنی تربیت پر زور دیتا ہے۔ یہ دل اور اندرونی حسیات کو مخاطب کر کے اس پر اثرانداز ہوتا ہے۔ تصوف دنیا کی بے ثباتی اور فانی ہونے کی طرف اشارہ کرتا ہے۔ تاہم اس کا مطلب یہ ہرگز نہیں ہے کہ دنیا اور اس میں موجود نعمتوں کو یکسر ترک کر کے ایک گوشے میں بیٹھا جائے۔ اس کا مطلب دنیا سے کنارہ کشی ہرگز نہیں ہے۔ دنیا کو یکسر ترک کرنا تصوف کی تعلیمات نہیں ہیں۔ تاہم اس کا مطلب یہ بھی نہیں ہے کہ انسان صرف دنیا کی نعمتوں میں کھو جائے۔ تصوف میں دنیا اور اس کی نعمتوں سے کنارہ کشی ہرگز نہیں ہے بلکہ مادی اور معنوی طور پر اس میں توازن برقرار رکھنا ضروری ہے۔

تصوف انسان کو اعلیٰ اخلاق، انسانوں سے محبت، دوسروں کی مدد، خدمت، خوش اخلاقی اور دیگر خوبیاں سکھاتا ہے۔ اپنے سے زیادہ دوسروں کو اہمیت دینا اور ''میں'' کی بجائے

''آپ'' کا درس دیتا ہے۔ یہ سب سے دوستی اور کسی پر بوجھ نہ بننا سکھاتا ہے۔ یہ انسانوں کو مسکین، غریب نہیں رہنے دیتا اور انسان ایک گوشے میں بیٹھنے سے نجات دلاتا ہے۔ یہ انسان کو اپنے پاؤں پر کھڑا ہونا سکھاتا ہے۔ دوسروں کے لیے فائدہ مند اور مدد کرنے کا درس دیتا ہے۔ یہ انسان کو متحرک رکھتا ہے اور سستی سے بچاتا ہے۔

اس کی واضح مثالیں ہمیں اناطولیہ میں آنے والے صوفیوں کی زندگی سے ملتی ہیں۔ انہوں نے صوفیانہ طرز زندگی بھی بسر کی اور دوسری طرف اہم مقامات پر ڈیرے ڈال کر وہاں باغات، کھیتی باڑی اور دیگر شعبہ ہائے زندگی کو اپنایا۔ مختلف ہنر اور فنون کو فروغ دیا یا تجارت کی۔ جنگوں میں حصہ لیا اور معاشرے کی فلاح کے لیے کام کیا۔ وہ جہاں بھی گئے انہوں نے وہاں ''ابتدائی طبی مرکز'' بھی قائم کیے۔

یونس اور عشقِ الٰہی

تصوف کی تعلیمات میں اخلاق کو بہت اہمیت دی جاتی ہے۔ مکارمِ اخلاق کا مختصر راستہ عشقِ الٰہی ہے۔ یعنی خود کو اللہ تعالیٰ سے منسوب کر کے برائیوں سے بچنا اور نیکیوں کی طرف مائل ہونا۔ یونس بھی اسی راستے پر تھا۔ وہ خود بھی عشقِ الٰہی میں مبتلا تھا اور دوسروں کو بھی اس طرف گامزن کرنا چاہتا تھا۔ دنیا کی ہر شے میں اللہ تعالیٰ کی موجودگی، وحدانیت اور قدرت کو محسوس کرنا، واقعات میں حکمت کو سمجھنا اور مثبت پہلو تلاش کرنا عشقِ الٰہی ہی سکھاتا ہے۔

یونس اسی تناظر میں فطرت کو دیکھتا تھا۔ بہتے پانی، چہچہاتے پرندے، پودوں اور درختوں کی نشوونما، پھولوں کی خوشبو سبھی کو خدا کی حکمت سے تعبیر کرتا اور دیکھتا تھا۔

بے عاشقوں کو مت سمجھا انہیں کچھ سمجھ نہیں آئے گا
بے عشق جانور ہے جانور کو کچھ سمجھ نہیں آئے گا

اور اس طرح کے دیگر اشعار ظاہر کرتے ہیں کہ یونس ہر شے میں خدا کی قدرت کو دیکھتے تھے۔ عشق الٰہی میں مبتلا شخص ہمیشہ خدا کے سامنے ذمہ داری محسوس کرتا ہے اور لوگوں کی خدمت کرتا ہے۔ دوسروں کو دوست رکھتا ہے۔ یہی وجہ ہے کہ وہ بہت متحرک رہتا ہے اور دوسروں کو فائدہ دیتا ہے۔ وہ اچھے اخلاق کا مالک ہوتا ہے۔ وہ بہت پختہ کار اور بالغ نظر ہوتا ہے۔ برائیوں سے بچتا ہے۔ یہی وجہ ہے کہ یونس عشقِ الٰہی کو انسان کی زندگی کا اہم جزو سمجھتا ہے اور یہ تصوف کے لیے بہت ضروری ہے۔

اس نے مجھے اپنے عشق کا اسیر کر کے خام سے پختہ کر دیا
اس نے مجھے عقل مند بنا دیا اور مجھ سے شر کو ختم کر کے خیر کو لازم و ملزوم کر دیا

میرے سب کام بہتر ہو گئے اور اس نے مجھے اندیشوں سے آزاد کر دیا
اس نے میرے نفس کی تربیت کر دی، مجھے پَر لگ گئے اور میں پرواز کر گیا
تصوف کی تعلیمات کے مطابق عشقِ الٰہی انسان کو متحرک رکھتا ہے اور وہ دوسرے انسانوں کے لیے فائدہ مند ہو جاتا ہے۔

خشک درخت کو کاٹ کر جلا دیا جاتا ہے
عشق کے بغیر انسان خشک درخت کی مانند ہے

......

عشق کا دعویدار کبھی حرص و ہوا میں نہیں پڑتا
عاشق کے در پر پڑے رہنے والے کبھی بے وفا نہیں ہوتے

یونس اور حرمتِ انسان

یونس کے اشعار، کلام اور تعلیمات میں ہمیں انسانوں سے محبت اور انسانیت کا احترام ملتا ہے جو عشقِ الٰہی کا اہم نکتہ ہے۔ اللہ تعالیٰ سے عشق کرنے والا شخص انسانوں سے بھی محبت رکھتا ہے اور ادب و احترام کرتا ہے۔ اس کا مطلب ہے کہ خالق کی وجہ سے مخلوق سے پیار کرنا۔

جو ہم پر پتھر پھینکے گا اس پر گل نثار ہوں
جو میرے چراغ کو بجھائے گا اللہ اسی کا چراغ جلائے

انسان دوستی وسیع القلبی سکھاتی ہے۔ دوسروں سے انس انسان کو بلند مراتب پر فائز کر دیتا ہے۔ جو دوسروں کے بارے میں سوچتا ہے وہ دوسروں کو نقصان بھی نہیں پہنچاتا۔

راستہ وہ ہے جو سیدھا ہو آنکھ وہ ہے جو حق کو پہچانے
درویش وہ ہے جو وسیع القلب ہو، اوپر ہی سے جو دیکھے وہ آنکھ کیا

دوسروں کا دل جیتنا انسانیت کا تقاضا ہے۔ دوسروں کو خوش رکھنا انسانیت ہے۔ دوسروں کا دل نہ توڑنا، غصہ نہ کرنا اور جھگڑالو نہ بننا، یہ سب عشقِ الٰہی سے آتا ہے اور یہ انسانوں کو بلندیوں پر پہنچا دیتا ہے۔

یونس کہتا ہے:

دل اللہ کا گھر اور تخت ہے
جو دل توڑتا ہے وہ دونوں جہانوں میں بدبخت ہے

یہی وجہ ہے کہ یونس انسانوں سے پیار و محبت کا درس دیتا ہے۔ اس لیے وہ اپنے کلام میں حرمتِ انسان دوستی، نیکی، بھلائی، دوسروں پر مہربانی، شفقت اور احسان کرنے پر زور دیتا

ہے۔ بڑوں کا ادب کرنا اور چھوٹوں پر رحم پر ابھارتا ہے۔ خطاؤں سے درگزر کرنے، دلوں کو جیتنا اور درد کا درماں بننا، ان کی تعلیمات ہیں۔ یونس کے مطابق سب سے بڑی امیری اور تونگری دل کی امیری اور تونگری ہے۔ جو دل کا امیر نہیں ہے اس کی دولت کا کیا فائدہ؟ اصل چیز دل ہے۔ بقول یونس:

اگر تُو نے کسی بیمار کی مدد کی اور اسے پانی پیش کیا
تو کل یہ تمہارے سامنے شربت الٰہی بن کر سامنے آئے گا

اگر آج تُو نے کسی مسکین کو پھٹا پرانا کپڑا دے دیا
تو کل کو یہ لباس فاخرہ اور لباس حق کے طور پر تمہارے سامنے آئے گا

یونس کے کلام اور اشعار کو سمجھنا

یونس کے کلام کو سمجھنے کے لیے تصوف اور اس کی اصطلاحوں کو سمجھنا ضروری ہے۔

ہم ان اصطلاحوں، امثال اور الفاظ میں سے کچھ یہاں بیان کرتے ہیں تا کہ ہم یونس کو سمجھ سکیں اور دوسروں کو سمجھا سکیں۔

تصوف کی زبان میں شاہ اور دوست کا کلمہ اللہ تعالیٰ اور مرشد کے بارے میں ہے۔ وہ انسان جو اللہ تعالیٰ کی طرف دیگر انسانوں کی راہنمائی کرتا ہے، اسے مرشد کہتے ہیں۔

تصوف کی زبان میں ''عاشق'' کا مطلب راہِ سالک پر چلنے والا ''مرید'' ہوتا ہے، وہ عشقِ الٰہی اور اپنے مرشد کا طلب گار ہوتا ہے۔ جب یونس عشق اور عاشق کا ذکر کرتا ہے تو اس کا مطلب اللہ تعالیٰ کی ذات اور وہ خود ہوتا ہے۔ وہ دنیاوی عاشق اور عشق سے بیزار ہے اور اس سے کوسوں دور بھاگتا ہے۔

یونس کہتا ہے:

اس دنیا میں منکر ہمارے عشق کو نہیں سمجھ سکتا
ہم عاشقِ حق ہیں، دنیا اسے نہیں سمجھ سکتی

تصوف میں ''میخانے'' کا مطلب مرشد کا تکیہ، درگاہ اور خانقاہ ہے۔ شراب کا مطلب مستی اور ساقی کا مطلب مرشد اور شیخ ہے۔ بعض اوقات شراب کا مطلب پانی بھی ہے جو مرشد کے ہاتھ یا در سے پیا جائے۔

پانی اور مٹی صبر، حسنِ اخلاق، قناعت، شرف و عزت اور ایمان جیسی خوبیوں کا منبع ہے۔ ہوا، آگ، فیصلہ نہ کرنا، حسد اور رشک جیسے برے نفس کی علامات ہیں۔ ہوا اور آگ انسانی نفس کو برائی پر اکساتی ہیں اور شیطانی اعمال کی طرف متوجہ کرتی ہے۔ دنیا کی طرف میلان

اور رغبت دلاتی ہے۔ دوسری طرف پانی اور مٹی انسان کو نیکی کی طرف راغب کرتے ہیں۔ یہ انسان کو نیکی اور سخاوت کا درس دیتے ہیں۔ یہ نیکیاں اور خوبیاں انسان کو عشقِ الٰہی کی طرف لے جاتی ہیں اور یہ خوبیاں مرشد پیدا کرتا ہے۔

برائی سے بچنا، نفس کی تربیت اور خواہشات سے بچنا انسان کے لیے اتنا آسان نہیں ہے۔ تصوف ایسی خواہشات پر نفس کی نفی کرتا ہے۔

نفس کو مارنے کا مطلب ہے کہ حسد، تکبر، غرور، مَیں، خودغرضی، بے وفائی، جھوٹ، غصہ اور کینہ جیسی بری عادتوں سے چھٹکارا حاصل کرنا اور ان پر قابو پانا۔

نفس کو مارنے کا مطلب ہے کہ دل سے انسانی خواہشات اور دنیاوی میلانات کو ختم کر دیا جائے۔ اس کے لیے نفس کی تربیت بہت ضروری ہے۔ کبھی نفس انسان پر غلبہ حاصل کر لیتا ہے اور کبھی انسان نفس پر قابو پا لیتا ہے۔ یہ جنگ اس وقت تک جاری رہتی ہے جب تک کہ نفس پر قابو نہ پا لیا جائے۔ یہ جنگ صرف وہی جیت سکتے ہیں جو اپنے نفس پر قابو پانے کی سکت رکھتے ہیں۔

یہی وجہ ہے کہ یونس ایک انسان کو اپنی باطنی تربیت اور نفس پر قابو پانے پر زور دیتا ہے۔ یونس کہتا ہے:

ے تُو خود غرضی کو ترک کر دے اور اس کا عشق طلب کر
جو اس کے عاشق ہیں وہ محبوب کے دیدار کو پا لیں گے

مرشد اور پیر طریقت جب محسوس کرے تو وہ اپنے مریدین اور طلبہ کو سیر و سیاحت کا حکم دے دیتے ہیں۔ یہ سیاحت مرید کا علم اور تجربہ بڑھاتے ہیں جو اسے اپنا محاسبہ کرنے اور اسے پختہ کرنے کا سبب بنتا ہے۔ اس دور میں جب کہ ریڈیو، ٹیلی ویژن، ٹیلی فون اور اخبارات نہیں تھے، درویش اس دور میں عوام کے حالات و واقعات سے باخبر ہوتے اور عوام کی درس و تدریس کا اہتمام کرتے اور ان کے فائدے کے لیے تگ و دو کرتے۔

یہ سیاح اور درویش سیاحت کے دوران بہت سی چیزیں سیکھتے۔ مرشد سے دور رہ کر اپنے

آپ کو مسافر، اجنبی اور بے بس تصور کرتے۔ جدائی اور پردیس کا دکھ برداشت کرتے۔

یونس کہتا ہے:

؎ شالا کوئی پردیسی اور مسافر نہ ہو
شالا کوئی پردیس کی آگ میں نہ جلے

یونس ایمرے بھی مرشد کے حکم پر سفر پر روانہ ہوا۔ طویل سفر اور سیاحت کے بعد وہ ایک پختہ درویش بن کر طاپتوک ایمرے کی درگاہ پر واپس آیا۔ اسی سیاحت کے دوران اس نے جدائی اور وصال کے بارے میں شاہکار اشعار کہے۔

گلاب کا پھول، اللہ تعالیٰ کی اس حسین کائنات اور حضرت محمد ﷺ کی علامت اور تشبیہ کے لیے استعمال ہوا ہے جب کہ بلبل انسانی روح کی علامت ہے جو آپ ﷺ تک رسائی حاصل کرنا چاہتا ہے۔ یہ بلبل خدا کی خوب صورت کائنات کے گن گاتا ہے اور خدا کی تخلیق کردہ کائنات کو دیکھ کر اس کی حمد و ثناء بیان کرتا ہے۔

یونس کہتا ہے:

؎ میں بلبل بن کر دوست کے چمن میں گنگناؤں اور وہیں سو جاؤں
میں گلوں میں سما جاؤں اور وہیں سو جاؤں

یونس مزید کہتا ہے:

؎ گلاب محمدؐ کا پسینہ ہے اور بلبل اس کا دوست ہے
گل اور بلبل کی دوستی ازلی ہے

یونس ایمرے کے اشعار، ان کی زبان، ادب وفنون اور اس کے اثرات

وسطی ایشیاء سے احمد یسویؒ سے شروع ہونے والا صوفی ادب اور تصوف کا سفر یونس ایمرے کے ذریعے اناطولیہ میں اپنے نقطۂ عروج کو پہنچا۔

تیرہویں صدی عیسوی میں یونس ایمرے نے تصوف کی مشکل راہوں کو اپنے آسان ترین اسلوب میں اناطولیہ کی عوام تک پہنچایا۔ انہوں نے صوفی ادب میں پہلی مرتبہ عوام کی سطح پر آ کر ترک زبان استعمال کی۔ یونس ایمرے نے تصوف کے ساتھ ساتھ ترک زبان کی بھی بے حد خدمت اور ترویج میں اہم کردار ادا کیا۔ وہ کلمات جو عربی اور فارسی کے ترک زبان میں رچ بس گئے تھے، آپ نے انہیں سادہ اور عام فہم زبان میں بیان کر کے عوام تک پہنچایا اور زبان کی ترویج اور اشاعت میں بنیادی کردار ادا کیا۔ لوگوں نے یونس کے کلام کو آسانی سے سمجھ لیا اور اس کی سرپرستی کی۔ وہ یونس سے پیار کرنے لگے اور انہیں اپنی پسندیدگی کی سند دے دی۔

یونس ایمرے کے اشعار کی زبان نہایت سادہ اور عام فہم ہے۔ اشعار کا اسلوب، قافیہ، ردیف سب ایک نظام کے مطابق ہیں۔ ان اشعار میں ہم آہنگی اور ردھم ہے۔ موسیقی اور ترنم ہے۔ انہیں پڑھنا اور گانا انتہائی آسان ہے۔ چھوٹی اور درمیانی بحر میں اشعار لوگوں کے دلوں تک اثر کرتے ہیں۔

یونس ایمرے نے وہ زبان استعمال کی جو اس وقت عام عوام اور لوگوں کی زبان تھی تاکہ لوگوں کو ان کا کلام اور تعلیمات سمجھنے میں آسانی رہے اور وہ اسے اپنا سکیں اور اپنے حافظے میں

محفوظ کر لیں۔ اس نے مشکل سے مشکل حقیقت کو سادہ اور عام فہم طریقے میں بیان کر کے عام لوگوں کے لیے آسانی پیدا کی اور تصوف اور دین اسلام کو سمجھنے میں مدد دی۔ ایسی باتیں اور حقائق جنہیں بیان کرنے کے لیے کئی کتب چاہئیں انہیں چند مصرعوں میں بیان کر دیں اور لوگوں کی مشکل آسان کر دی۔

ان کے زیادہ تر اشعار رباعی کی شکل میں ہیں۔ ان میں ترنم، غزل اور نظم جیسی خصوصیات بدرجہ اتم موجود ہیں۔ یہی خصوصیات حاجی بیرم ولیؒ کے کلام میں بھی موجود ہیں۔ انہوں نے لوک اور کلاسیکل ادب کی ترویج میں اہم کردار ادا کیا۔ یہ اسلوب ظاہر کرتا ہے کہ یونس ایمرے ان اسلوب پر مہارت رکھتے تھے۔

رسالتہ النصو یہہ (رسالۂ نصیحت) کے نام سے انہوں نے ایک کتاب لکھی جس میں منظوم اشعار ہیں جن کی تعداد 550 ہے۔ یہ اپنے طرز کی مثنوی ہے۔ اس شاہکار تصنیف میں تصوف کے تمام اہم موضوعات کا احاطہ کیا گیا ہے۔ ان موضوعات میں آگ، ہوا، پانی، مٹی اور انسان شامل ہیں۔ جان اور نفس کا بھی ذکر ہے۔ عقل اور ایمان سے متعلق بھی بحث ہے۔ اس تصنیف کے آخری باب میں 1307ء کی تاریخ درج ہے جو غالباً اس رسالتہ النصو یہہ کی اشاعت کا سن ہے۔ تاہم ان کی اصل تصنیف حمد و نعت اور غزلوں کا مجموعہ ان کا ''دیوان'' ہے۔ یہ ان کی شاعری کا مجموعہ ہے۔ ان حمد و ثناء اور غزلوں میں 6 سے 16 مصرعوں تک موجود ہیں جب کہ رسالتہ النصو یہہ مثنوی طرز اور رباعی شکل میں ہے۔

اناطولیہ میں سلجوقوں کے دور میں دینی علوم وفنون کی زبان عربی تھی جب کہ ادب وفنون کی زبان فارسی تھی۔ اوزخان قبیلے کے ترک باشندے کے طور پر انہوں نے ترک زبان کو اپنا کر ترک زبان کی ترویج اور اشاعت میں اہم کردار ادا کیا۔

انہوں نے ترک زبان کو اپنا کر اسے ادب وفنون کی زبان بنا دیا۔ ان کے اشعار میں ترک زبان عوام کی زبان تھی۔ عام لوگوں کی زبان کو اپنا کر انہوں نے ترک زبان کو بام عروج پر پہنچا

دیا۔ ترک زبان کی تمام تر خوب صورتی اور گرائمر انہوں نے اپنے کلام میں استعمال کی۔ مشکل سے مشکل نکتے کو آسان اور عام فہم ترک زبان میں استعمال کیا۔ تصوف، اسلام اور دین کی مشکل ترین اصطلاحوں کو ترک زبان میں ڈھالا۔ یہ ان کی بہت بڑی مہارت ہے۔

یہی وجہ ہے کہ لوگوں نے انہیں آسانی سے اپنا لیا اور اپنی پسندیدگی کا اظہار کیا۔ لوگوں نے انہیں شہرت دوام بخشی اور ان سے عقیدت کا اظہار کرنے لگے۔ یہی وجہ ہے کہ ان کے بعد آنے والے شعراء نے ان ہی کا اسلوب اپنایا اور ان کی پیروی کی۔ انہوں نے وہی زبان استعمال کرنا شروع کر دی جو یونس نے استعمال کی۔ لوگوں نے اس طرز کو اپنا کر ان کو امر کر دیا۔ یونس کے بعد ان کے اسلوب کو اپنانے والے شعراء اور ادباء کی تعداد بے شمار ہے۔ یوں یونس ان کے لیے ایک ''درسگاہ'' کی حیثیت رکھتے ہیں۔ یہاں تک کہ بہت سے شعراء نے اپنا نام چھوڑ کر یونس ایمرے کا نام اور تخلص استعمال کیا۔ یہ ان کی اہمیت اور کردار کا واضح ثبوت ہے۔ یونس نامی بہت سے شعراء نے اپنا کلام اور نام اسی طرز پر لکھا اور اپنایا جس طرز کی شروعات یونس ایمرے نے کی تھیں۔ اس سے ان کا کلام بھی یونس ایمرے کے کلام سے گڈ مڈ ہو گیا لیکن بعد میں اسے تحقیقات کے ذریعے الگ کر دیا گیا۔

یونس کے طرزِ اسلوب کو اپنانے والے اہم شعراء اور ادباء میں شیخ وفا قونیہ لی، احمد دادا، عزیز محمود خدائی، حاجی بیرم ولی، اشرف اولوروی اور نیازی مصری شامل ہیں۔

یونس ایمرے کا کلام اپنے اندر بے انتہا ہم آہنگی، موسیقی اور ترنم لیے ہوئے ہے۔ یونس ایمرے ان چند شعراء میں سے ہے جن کا کلام ترنم کے ساتھ گایا اور پڑھا گیا۔

آپ کا موجودہ مزار 1948ء میں سارے کوئے (موجودہ نام یونس ایمرے کوئے) میں منتقل کیا گیا۔ انقرہ، ایسکی شہر، قارامان اور ارض روم سمیت مختلف جگہوں پر آپ کے نام سے مختلف تنظیمیں اور ادارے قائم ہوئے۔ ان میں سے 1958ء میں ایسکی شہر میں قائم ہونے والی یونس ایمرے تنظیم اور وقف قابل ذکر ہے۔ اسی تنظیم کے توسط سے ہر سال یونس

ایمرے کا دن منایا جاتا ہے اور نوجوان نسل کو یونس ایمرے کی شخصیت، خیالات اور افکار سے آگاہ کیا جاتا ہے۔ اسی طرز کا پہلا پروگرام 25 مئی 1958ء میں منعقد ہوا جس میں 20 ہزار سے زائد لوگوں نے حصہ لیا۔ اس طرز کی تقریبات اور پروگرام آج بھی جاری و ساری ہیں۔

آج بھی یونس ایمرے کے نام پر قائم ''یونس ایمرے انسٹی ٹیوٹ'' کی حکومتِ ترکی خود پرستی اور نگرانی کر رہی ہے اور دنیا کے کئی خطوں میں اس طرز کے ادارے قائم ہیں جو یونس ایمرے کے کلام، اشعار اور افکار کی ترویج کے ساتھ ساتھ ترک زبان کی ترویج میں بھی اہم اور بنیادی کردار ادا کر رہے ہیں۔ اس کے علاوہ بہت سے اداروں، یونیورسٹیوں اور کالجوں میں آپ سے متعلق تحقیقات جاری و ساری ہیں۔ ہزاروں مرتبہ آپ کا کلام ''دیوان'' اور ''رسالتہ النصو یہہ'' شائع ہو چکا ہے اور تا حال ہو رہا ہے۔ آپ کی سوانح عمری پر بہت سے ڈرامے اور فلمیں بھی بن چکی ہیں۔

معروف اقوال

کسی کا دل مت دکھاؤ۔ دل خدا کا تخت اور آئینہ ہے۔

دل، زبان اور الفاظ سب ایک ہوں تب ہی انسان، انسان کہلانے کا مستحق ہے۔

تکبر، غرور اور گھمنڈ سے دور رہو۔ جس میں یہ خامیاں ہوں وہ خدا سے اور مخلوق سے بہت دور ہے۔

خوب صورتی عارضی چیز ہے۔ مال و دولت ایک روز ختم ہو جائے گا۔ شان و شہرت عارضی ہے۔ اگر تُو چاہتا ہے کہ تیرے اردگرد کے لوگ تجھ سے محبت کریں تو برے اخلاق کو ترک کر دے۔ اگر تُو تکبر اور غرور کرے گا تو لوگ تجھ سے دور بھاگیں گے۔

کینہ و بغض سے دور رہ۔ کینہ اور بغض معاشرے کا امن تباہ کر دیتے ہیں۔

تمہارا قول اور فعل یکساں ہونا چاہیے تاکہ معاشرے میں تیری عزت و تکریم بڑھے۔

انسان کا سب سے بڑا سرمایہ محبت اور اعتبار ہے۔

مظلوم کی آہ بادشاہ کو لے ڈوبتی ہے۔

صبر کرنے والے اپنے نصیب کو پا لیتے ہیں۔

علم کا مطلب اور مقصد خود شناسی ہے۔

اس دنیا میں کوئی ایسا شخص نہیں ہے جسے کوئی دکھ درد نہ ہو۔

اپنی زبان اور الفاظ کی حفاظت کرو۔

کسی غریب مسکین کی دعا ضرور لو۔ وہ تمہاری نجات کا سبب بن سکتا ہے۔

یہ دنیا ایک فریب اور جھوٹ ہے۔ یہ کبھی کسی کی نہیں ہوئی۔

موت سے مت ڈرو۔ یہ تو ابدی زندگی کا دروازہ ہے۔

کسی کی غیبت مت کرو۔ جھوٹ مت بولو۔ اس دنیا میں فتنہ مت برپا کرو۔ کسی پر افتراع مت لگاؤ۔ جو یہ کرے گا اس کا دوسری دنیا یعنی آخرت میں اس کا کوئی حصہ نہیں ہے۔

دنیا کی سب سے خوب صورت چیز عشقِ الٰہی ہے۔

تمہارا کام دلوں کو جوڑنا ہونا چاہیے نہ کہ توڑنا۔

ہر چیز کا ایک وقت ہوتا ہے۔

اگر افسوس سے بچنا چاہتے ہو تو ان تین کا انتخاب انتہائی احتیاط سے کرو۔

1- بیوی 2- کام 3- دوست

اس دنیا میں کوئی انسان ایسا نہیں ہے کہ جس سے کوئی خطا سرزد نہیں ہوئی۔ جس سے خطا

و غلطی سرزد نہ ہو وہ انسان نہیں ہے۔ انسان کی سب سے بڑی غلطی یہ ہے کہ وہ خود کو غلطیوں اور دعاؤں سے مبرّا سمجھ بیٹھے۔

جو اس دنیا میں آیا ہے وہ یہاں سے جائے گا بھی۔

اس دنیا میں کوئی ایسا نہیں آیا ہے جو ہمیشہ مسکرائے۔

خاموشی سب سے بہترین جواب ہے۔

جو دوسروں پر ظلم روا رکھ کر امارت حاصل کرتا ہے، اس کا انجام بربادی ہے۔

مال کی زیادتی میں حرام کا شبہ اور اقوال کی زیادتی میں جھوٹ کا شبہ ہمیشہ ہوتا ہے۔

حق کو ادھر ادھر مت ڈھونڈو یہ تو تمہارے اندر ہے۔

جو نفس کی سنتا ہے وہ راستے میں ہی رہ جاتا ہے۔

حقیقی عشق اور حقیقی عاشق کو موت بھی نہیں مٹا سکتی۔

خودغرضی چھوڑو اور محبت اور حسنِ اخلاق اپناؤ۔

جس دل میں عشق و محبت ہو وہ سورج کی مانند ہے اور جس میں عشق نہ ہو وہ پتھر کی مانند ہے۔

ہزار حج سے بہتر ہے کہ کسی کے دل میں جگہ بنا لو۔

نمونۂ کلام

آ دیکھ مجھے......

محبوب پر میرا دل فدا ہو گیا
آ دیکھ تیرے عشق نے میرا کیا حال کر دیا ہے
میں اپنے آپ سے لڑ لڑ کر پاگل ہو گیا ہوں
آ دیکھ تیرے عشق نے میرا کیا حال کر دیا ہے

تُو اب بھی میرے ساتھ محوِ سفر ہے
میرا خون تیرے عشق سے رنگا ہوا ہے
میں تیرے عشق میں پاگل اور دیوانہ ہو گیا ہوں
آ دیکھ تیرے عشق نے میرا کیا حال کر دیا ہے

میں طویل سفر پر محوِ سفر ہوں
میں تیرے راستے کی خاک بن گیا ہوں
میری آنکھوں میں اشک سیلِ رواں کی طرح جاری ہیں
آ دیکھ تیرے عشق نے میرا کیا حال کر دیا ہے

میں بہتے پانی کی طرح رواں دواں ہوں
میرے دل میں غموں کے پہاڑ ہیں

اور میں یار کی خاطر آہ و فغاں کر رہا ہوں
آ دیکھ تیرے عشق نے میرا کیا حال کر دیا ہے

یا مجھے اپنے ہاتھ سے بھٹکا دے
یا مجھے اپنا وصل عطا کر دے
میں بہت رویا ہوں اب مجھے ہنسا دے
آ دیکھ تیرے عشق نے میرا کیا حال کر دیا ہے

تیرے عشق نے مجھے مست کر دیا ہے
میرے دل کو دیوانہ کر دیا ہے
تیرے عشق نے مجھے ختم کر دیا ہے
آ دیکھ تیرے عشق نے میرا کیا حال کر دیا ہے

میں قریہ قریہ بھٹک رہا ہوں
سب سے اپنے مرشد کا پتا پوچھ رہا ہوں
بھلا پردیس کے دکھ کو کون سمجھ سکتا ہے
آ دیکھ تیرے عشق نے میرا کیا حال کر دیا ہے

میں مجنوں کی مانند چلا جا رہا ہوں
میں تمہیں خوابوں میں ہی دیکھ سکتا ہوں
جاگتا ہوں تو مغموم ہو جاتا ہوں
آ دیکھ تیرے عشق نے میرا کیا حال کر دیا ہے

بے چارہ مسکین یونس
اوپر سے نیچے تک زخمی ہے
وہ اپنے دوست سے دور ہے
آ دیکھ تیرے عشق نے میرا کیا حال کر دیا ہے

علم

علم، علم کی تحصیل ہے
خود شناسی ہی علم ہے
اگر تُو خود سے آگاہ نہیں ہے
تو یہ علم، کیسا علم ہے

پڑھنے سے مطلب نکالنا ہی اہم ہے
دوسروں کے بارے میں جاننا ہی علم ہے
تُو اگر دوسروں کے بارے میں نہیں جانے گا
تو ایسے علم کا کیا فائدہ ہے

ایسا مت کہہ تُو نے پڑھ لیا اور تُو عالم ہو گیا ہے
ایسا مت کہہ کہ تُو نے سب کچھ سیکھ لیا اور اطاعت حاصل کر لی ہے
اگر تُو حق تعالیٰ کے بارے میں نہیں جانتا ہے
تو یہ سب عبث اور بے کار ہے

چار کتابیں پڑھ کر علم کا دعویٰ نہیں کیا جا سکتا ہے
اگر تو اللہ کو نہیں سمجھ سکا ہے
تو سب بیکار ہے، سب لاحاصل ہے
سب عبث ہے

یونس ایمرے یہی کہتا ہے
ہزار حج سے بہتر ہے
اور سب سے بہترین عمل یہی ہے
کہ تُو کسی انسان کے دل میں اپنی جگہ بنا لے

بلبل

اے بلبل تُو کیوں روتی ہے
تجھے کیا ہوا ہے
کیا تُو تنہا رہ گئی ہے
اے بلبل تُو کیوں روتی ہے

کیا تُو تلاش کرتے کرتے تھک گئی ہے
کیا تُو دریا اور پہاڑ ڈھونڈتے تھک گئی ہے
کیا تُو اپنے یار اور قافلے سے جدا ہو گئی ہے
اے بلبل تُو کیوں روتی ہے

تُو جتنی شدت سے گا رہی ہے
میرا درد بھی اتنا ہی گہرا ہے
کیا تُو اپنے دوست سے ملنا چاہتی ہے
اے بلبل تُو کیوں روتی ہے

کیا شہر کا قلعہ مسمار ہو گیا ہے
کیا تیری شہرت و عزت ختم ہو گئی ہے
کیا تُو پردیس میں اکیلی رہ گئی ہے
اے بلبل تُو کیوں روتی ہے

تُو گل و گلستان کی سیر کر
تازہ پھولوں سے اپنا دل بہلا
خوش ہو اور اداس مت ہو
اے بلبل تُو کیوں روتی ہے

میں جیسے نیند سے جاگ گیا ہوں
جیسے میرا بدن لہولہان ہو
اور میرا دل جل گیا ہو
اے بلبل تُو کیوں روتی ہے

یونس کو کیا ہو گیا ہے
یہ عشق کے سمندر میں کھو گیا ہے
عشق نے اسے باغ و بہار کر دیا ہے
اے بلبل تُو کیوں روتی ہے

درویشی

جسے درویشی کی ضرورت ہو
اسے چاہیے کہ
زہر کو شربتِ عشق سمجھ کر
ہاتھ میں لے کر پی جائے

درویشی کے لیے مرشد کی ضرورت ہے
درویشی کے لیے مرشد کی محبت کی ضرورت ہے
درویشی کے لیے مرشد جو کہے
اس پر خاموشی سے عملدر آمد کی ضرورت ہے

درویشی کے لیے صبر و قناعت کی ضرورت ہے
درویشی کے لیے تحمل و برداشت کی ضرورت ہے
درویشی کے لیے اپنے آپ کو بھول کر
مرشد کی طرف متوجہ ہونے کی ضرورت ہے

درویشی کے لیے دنیاداری سے منہ موڑ لے
اپنے ہاتھ سے جَو کی فصل بو
پھر اس کی آبیاری کر
اسے سورج کی تپش کی بھی ضرورت ہے

یہ درویشی اتنی آسان نہیں ہے
اس راستے میں اپنے نفس کو بھولنا پڑتا ہے
روزے رکھنے پڑتے ہیں بھوکا رہنا پڑتا ہے
سہ روزہ کو یک روزہ کرنا پڑتا ہے

درویشی کی خواہش ایسی ہی ہے
خواہشات کو ختم کرنا پڑتا ہے
گالیاں سننی پڑتی ہیں
قہر پر صبر کرنا پڑتا ہے

درویشی کے لیے دنیا کی محبت چھوڑ دے
لوگوں کی باتوں اور دھوکے میں مت آ
تجھے صرف مرشد کے دیدار کی ضرورت ہے
تجھے وہی چہرۂ حق کی ضرورت ہے

یونس جو کہتا ہے اسے کہنے دے
وہ جو کہتا ہے یہ اہم نہیں ہے
کوئی بھی درویشی کی بات کرے
تو درویشی کے لیے ان ہی صفات کی ضرورت ہے

عشق

اے دوستو!

عاشق ایک سورج کی طرح ہوتا ہے
جس دل میں عشق نہیں ہوتا
وہ ایک پتھر کی مانند ہوتا ہے

پتھر دل کا کیا ہے
پتھر دل کی زبان بھی پتھر ہی ہوتی ہے
وہ جو کبھی زبان سے نرم و نازک لفظ نکالے گا
اس کے الفاظ جنگ و جدل کو ہی جنم دیں گے

جبکہ ایک عاشق کا دل موم کی مانند ہوتا ہے
سب کو وہ نرم و نازک کر دیتا ہے
وہ پتھر دلوں کو بھی نرم و نازک کر دیتا ہے
سب کو اپنا دیوانہ بنا لیتا ہے

اے یونس تو اپنے سلطان (مرشد) کے در پہ پڑا رہ
حضرت طاپتوک کے در پہ پڑا رہ
یہ در عاشقوں کا در اور مرکز ہے
یہاں ہر وقت عاشقوں کا جمگھٹا رہتا ہے

اے یونس تُو اندیشوں میں نہ پڑ
اگر ضرورت پڑے تو اس جنگل سے
ایک مردِ عشق کی طرح
اور درویشوں کی طرح نکل جا

زندگی

میری عمر آئی گئی ہو گئی
عمر یونہی ہوا کی مانند ہو گئی
اور مجھے تو یہ یوں محسوس ہوتا ہے
جیسے میں نے آنکھ کھولی اور پھر بند ہو گئی

زندگی موت کی امانت ہے
یہ جان جسم میں امانت ہے
روح ایک روز جسم سے نکل جائے گی
جیسے پرندہ قفس سے اڑ جاتا ہے

اس دنیا میں مسکینوں کی طرح رہو
دنیا میں جو بوؤ گے وہی آخرت میں کاٹو گے
اپنے اعمال کا حساب دینا پڑے گا
لٰہذا سوچ سمجھ کر زندگی جیو

سبھی کی نجات کا دارومدار ان کے اعمال پر ہو گا
وہی جلیں گے جو اچھے کام نہیں کریں گے
دنیا میں جیسے زندہ رہو گے ویسی ہی موت آئے گی
اور جیسی موت آئے گی ویسی ہی آخرت ہو گی

اس دنیا میں اگر تُو نے کسی بھی پیاسے کو ایک گھونٹ پانی دیا ہے
پانی پلایا ہے
تو کل کو یہ تمہارے سامنے آئے گا
کل کو یہ تمہارے سامنے حوضِ کوثر کی شکل میں آئے گا

یونس کہتے ہیں کہ اس دنیا میں
دو شخص ہی باقی رہیں گے
ایک حضرت خضر علیہ السلام
اور ایک وہ جس نے آب حیات پیا ہو

محبت کریں، محبوب بنیں

حق تعالٰی پوری دنیا پر محیط ہیں
کچھ حق کو نہیں پہچانتے
اسے تم خود سے پوچھو، جانو
وہ تم سے الگ نہیں ہو سکتا

اگر تم اس دنیا پر یقین کرو گے
رزق صرف تمھاری وجہ سے ہی نہیں ہے
جھوٹ بولنے کی ضرورت نہیں ہے
ایسا نہیں ہو سکتا جیسا کہ تم کہتے ہو

جو اس دُنیا میں آیا ہے اس نے جانا ہے
سب نے موت کا ذائقہ چکھنا ہے
دنیا ایک پُل ہے جس پر سب نے باری باری گزرنا ہے
صرف جاہلوں کو ہی اس کا علم نہیں ہے

آؤ ایک دوسرے کو جانیں، سمجھیں
کام کو آسان بنائیں
محبت کریں، محبوب بنیں
یہ دنیا کسی کی نہیں رہے گی

تم یونس کی بات کو سمجھو
اس کے معنی و مطالب سمجھو
تمہیں ہمت و حوصلہ کی ضرورت ہے
یہاں کوئی نہیں رہے گا